战时笔记

(1914–1917)

〔奥〕维特根斯坦 著

韩林合 译

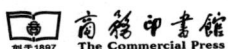

Ludwig Wittgenstein

TAGEBUECHER 1914-1917

编译前言

我所编译的维特根斯坦的这个笔记之基础为其遗著中的手稿101、102、103号。它们原是由两部分构成的一个整体。其中的一部分是所谓私人部分,记录了维氏参战期间的生活和心理状态,特别是其对世界和人生的看法;另一部分是所谓哲学部分,记录了他参战期间的纯哲学思考。该笔记的哲学部分早在1961年便已经以德英对照的形式出版了:*Notebooks 1914-1916*, ed. G. H. von Wright and G. E. M. Anscombe, 2nd edn(Oxford: Blackwell, 1979)。但是,私人部分迟至1985年才以完整的形式在西班牙出版(德语、西班牙语和加泰罗语对照版),1991年维也纳出版了纯德文版:*Geheime Tagebücher 1914-1916*, ed. W. Baum(Wien: Turia and Kant)。但是,这两部分本来属于一个整体,它们从内容上说也是互相补充的,分开来出版既不能准确地反映其原来的形式,也不利于读者深入地理解维氏的前期思想。另外,这两个版本在编辑方面也存在许多问题。哲学部分的编辑问题尤其严重,在许多地方编者均做了非常任意的取舍。

2000年,MSS 101、102、103被完整收录于牛津大学出版社出版的电子版《维特根斯坦遗著集》(*Wittgenstein's Nachlass*)之中。

在本译本中,我将哲学部分和私人部分合而为一,并将名称改为《战时笔记(1914-1917)》,因为该笔记也包含1917年的3条笔记。在编辑过程中，我同时参考了上述三个版本，对三个版本中的编辑错误参照电子版中的原件复制版做了修正。为了读者引用方便，我在哲学部分的评论或小节前面加上了数字编号。

本译本的翻译工作始于 1989 年。在 1999 年写作《〈逻辑哲学论〉研究》时基本完成，哲学部分所据版本为德国 Suhrkamp 出版社 1984 年版的《维特根斯坦著作集》第一卷；私人部分所据版本为 *Geheime Tagebücher 1914-1916*。在 2001 年我根据《维特根斯坦遗著集》中的相关手稿对译文进行了仔细修订和补充，译稿于 2005 年以《战时笔记：1914-1917 年》为名由商务印书馆出版。值此新版之际我又对译稿做了进一步的修改和润色，补加了许多注释，并对体例进行了重新编排。

本书的编译工作得到了教育部人文社会科学重点研究基地（北京大学外国哲学研究所）项目"维特根斯坦文集"（项目号：11JJD720006）的支持。

本书的编辑和出版工作得到了商务印书馆陈小文和关群德两位先生的大力支持。在此表示感谢。

韩林合
北京大学哲学系暨外国哲学研究所
二零一二年二月二十日

本书所用编辑符号意义如下：

黑体字　　　　　表示遗稿中的一重强调文字

黑体字　　　　　表示遗稿中的二重强调文字

着重点　　　　　表示遗稿中的三重强调文字

~~删除~~　　　　　遗稿中删除之字符

甲//乙//　　　　　乙为甲之异文

背影　　　　　　遗稿中由斜线或交叉线所划掉的段落

［…］　　　　　手稿中难以识别的字符

【补加文字】　　本书编译者所加文字

本书编译前言和脚注中出现的 MS 101、MS 102 等等为冯·赖特（G. H. von Wright）所制定的维特根斯坦遗著编号体系中的手稿号，TS 201、TS 202 等等为其中的打字稿号。"MSS"和"TSS"则分别代表多个手稿和打字稿。相关手稿和打字稿均载于牛津大学出版社出版的电子版《维特根斯坦遗著集》（*Wittgenstein's Nachlass*）之中。

注释中手稿号或打字稿号后由冒号所分隔开的数字指相关手稿或打字稿的页数。

目 录

哲学部分 ·· 1

MS 101 ·· 3

MS 102 ·· 35

MS 103 ·· 110

私人部分 ·· 147

MS 101 ·· 149

MS 102 ·· 172

MS 103 ·· 205

哲学部分

MS 101[①]

14.8.22[②]

1. 逻辑必须照料自身。

2. 如果关于函项的句法规则**终究**是可以建立起来的,那么整个关于物、性质等等的理论都成为多余的了。至为明显的是,《基本规律》[③]和《数学原理》[④]都没有谈到这个理论。再强调一下:因为逻辑必须照料自身。一个**可能的**符号必定也能够表示。可能的一切东西也是合法的(允许的)。请回忆一下人们是如何解释"苏格拉底是柏拉图"为什么没有任何意义的。即:是因为**我们没有作出一个任意的决定**,而**并非**是因为该记号本身也许就是不合法的!

14.9.2

3. 在某种意义上说,在逻辑中我们是不可能犯错误的。这点已经部分地表达于如下事实之中:逻辑必须照料自身。这是一种

---

① 在该笔记本扉页处写有如下指示:"在我死后将其寄给 Poldy Wittgenstein, XVII Neuwaldeggerstr. 38, Wien。寄给伯特兰·罗素,三一学院,剑桥,英格兰。"

② 读作:1914 年 8 月 22 日。下同。

③ 所提到的著作为弗雷格(G. Frege, 1848-1925)最重要的著作:*Grundgesetze der Arithmetik*, Bände I and II, Jena: H. Pohle, 1893, 1903。

④ 指如下著作:N. A. Whitehead and B. Russell, *Principia Mathematica*, vol. I, 2nd edn, Cambridge: Cambridge University Press, 1927(1st edn 1910); vols. II and III, 2nd edn, Cambridge: Cambridge University Press, 1927(1st edn 1913)。

极其深刻、极其重要的认识。

4. 弗雷格说:每一个合法地构造起来的命题都必有一个意义[①];而我则说:每一个可能的命题都是合法地构造起来的,而如果它没有一个意义,则这只能是因为我们还没有**给予**它的某些构成成分以任何所指。即使我们认为已经这样做了。

14.9.3

5. 逻辑应该照料自身这一点如何与哲学的任务协调一致?如果我们提出比如如下问题:如此这般的事实是否具有主语-谓语形式,那么我们当然必须知道我们用"主语-谓语形式"所表示的意思。我们必须知道究竟**是否**存在着这样一种形式。我们如何能够知道这一点?"从符号之中!"但是如何从符号之中知道这一点?我们根本就没有具有这样的形式的任何**符号**。虽然我们可以说:我们具有这样的符号,其表现和具有主语-谓语形式的符号一样,但是这证明了如下之点吗:必定真正存在着具有这样形式的事实?也即:当那些符号得到完全的分析的时候。在此便产生了如下问题:存在着这样的完全的分析吗?**而如果没有这样的分析**:哲学的任务究竟是什么?!!?

6. 因此,我们能够提出这样的问题吗:存在着主语-谓语形式吗?存在着关系形式吗?罗素和我曾经一再地谈论的那些形式中的任何一种终究是存在的吗?(罗素会说:"当然了!因为这是自明的。"哈哈!)

---

① 参见 G. Frege, *Grundgesetze der Arithmetik*, Band I, Jena: H. Pohle, 1893, S. 44, 50-51。

7. 因此：如果**所有需要显示的东西**都经由主语-谓语**命题**等等的存在而得到显示了，那么哲学的任务便不同于我原来所认为的那样了。但是，如果情况并非如此，那么所缺失的东西必须经由某种经验来显示，我认为这是绝不可能的。

8. **显然**，不清楚之处在于如下问题：符号和所表示的东西的逻辑同一性真正说来在于什么！这个问题（**再一次**）成为整个哲学问题的主要方面。

9. 假定人们给出了一个哲学问题：比如"A 是好的"是否是一个主语-谓语命题？或者"A 比 B 明亮"是否是一个关系-命题？**那么我们到底能够如何来决断这样的问题？！**什么样的证据能够使我心安理得地接受这样的结论：——比如——第一个问题必须得到肯定的回答？（这是一个至关重要的问题。）在此，唯一的证据还是**那种极其可疑的"自明性"**吗？？让我们考虑一个完全类似但是更为简单、更为基础性的问题，即这个问题：我们视觉图像中的一个点是一个**简单对象**、一个**物**吗？到现在为止我一直把诸如此类的问题看成是真正的哲学问题——从某种意义上说它们当然是这样的——但是我们要再一次地问：究竟什么样的证据能够决断这样一个问题？难道这里的提问方式中没有包含着一个错误吗？因为在这个问题中**没有任何东西**对于我来说是自明的。我似乎可以确定地说，这些问题从来不会得到决断。

14.9.4

10. 如果主语-谓语**命题**的存在并没有显示一切必要的东西，那么只有某一种具有那种形式的特殊的事实的存在才能显示它们。关于这样一种事实的知识对于逻辑来说不可能是本质性的。

11. 假定我们具有这样一个符号,它**真正**具有主语-谓语形式,那么这个符号以某种方式比我们的主语-谓语命题更适合于表达主语-谓语命题吗？似乎并非如此！这一点是表示关系的结果吗？

12. 如果在没有对某些问题给以回答的情况下逻辑便可以完成,那么它**必须在没有**给出这样的回答的情况下完成。

13. 符号和所表示的东西之间的逻辑同一性在于人们不应在符号中再次认出比所表示的东西之中更多和更少的东西。

14. 如果符号和所表示的东西从其全部的逻辑内容方面看**并非**是同一的,那么就必定存在着某种比逻辑还要根本的东西。

14.9.5

15. $\phi a . \phi b . aRb = \text{Def} \phi[aRb]$

16. 要记住:"函项"、"主目"、"命题"等等词项不应该在逻辑中出现！

17. $\varphi(x)(y)\psi = (x)\varphi\psi(y) = (x)R(y) = xRy$
$\phi[\hat{z}\{\psi z\}]. =_{\text{Def}}. \varphi x \equiv_x \psi x. \supset_\varphi . \phi\varphi$①

18. 就两个集合说它们是同一的,这说出了某些东西。就两个物说它们是同一的,这什么也没有说出。这点便已经说明罗素

---

① 上面这两个公式在 *Notebooks 1914-1916* 第一版（1961年）中没有包括进去,在第二版（1979年）中以影印的形式收于附录 IV 之中。

的定义①是不可接受的。

14.9.6

19. $\phi(\lambda) . : =_{Def} : . \phi[\hat{z}\{z \neq z\}] . : = : . \varphi(x) \equiv_x x \neq x : \supset : \phi(\varphi)$②

20. 上面那句话实际上就是那种对数学中的同一性的古老的反对意见。也即这样一种反对意见：如果 2×2 事实上同于 4，那么这个命题并没有比 $a = a$ 说出更多的东西。

人们可以说：逻辑并不关心它借以进行工作的那些函项的可分析性。

21. $a\epsilon\hat{z}(\psi z). =_{Def} . \varphi(x) \equiv_x \psi(x) . \supset . a\epsilon\varphi$③

14.9.7

22. 请思考如下之点：即便一个未加分析的主语-谓语命题也清楚地说出了某些**完全确定的**东西。

23. 难道人们不能这样说吗：重要的事情并不是我们处理不可分析的命题，而是我们的主语-谓语命题的表现在**所有**方面都类

---

① 在《数学原理》中，罗素（和怀特海）是这样定义同一性符号的：$x = y . = : (\phi) : \phi!x . \supset . \phi!y$ Df。这个定义的意思是这样的：如果 x 所满足的每一个述谓函项也被 y 所满足，则 x 同于 y（简单说来，如果两个个体共同具有任何性质，那么它们就是同一个个体）。这就是所谓"不可分辨事物的同一性原则"(the principle of the identity of indiscernibles)。（参见 A. N. Whitehead and B. Russell, *Principia Mathematica*, vol. I, 2nd edn, Cambridge: Cambridge University Press, 1927, p. 168）

② 上面这个公式在 *Notebooks 1914-1916* 第一版（1961 年）和第二版（1979 年）中均没有收入，我们依 Nachlass 将其补上。

③ 上面这个公式在 *Notebooks 1914-1916* 第一版（1961 年）中没有包括进去，在第二版（1979 年）中以影印的形式收于附录 IV 之中。

似于这样的命题,因此这也就是说**我们的**主语-谓语命题的逻辑同于那些其它命题的逻辑。对于我们来说重要的事情仅仅是完成逻辑,我们对于未加分析的主语-谓语命题的主要反对意见是这样的:只要我们不知道它们的分析,我们就不能建立起它们的句法。但是,表面上的主语-谓语命题的逻辑必然不同于真正的主语-谓语命题的逻辑吗?如果一个将主语-谓语形式给予一个命题的定义终究是可能的,……?

14.9.8

24. 在逻辑中,只能通过如下方式来使罗素总是一再地提及的那种"自明性"成为不必要的:语言自身就防止了每一种逻辑错误。显然,那种"自明性"始终是完全欺骗性的:现在是这样的,过去也是这样的。

14.9.19

25. $aRb.bRc.cRd.dRe=\varphi(a,e)$
$(\exists R^n)aR^ne$ ①

诸如"这把椅子是棕色的"之类的命题似乎说出了极端复杂的东西,因为如果我们要将这个命题表达成这样,以至于没有人能够对它提出源自于它的多义性的反对意见,那么它将不得不变得无限长。

---

① 上面这个公式在 Notebooks 1914-1916 第一版(1961 年)中没有包括进去,在第二版(1979年)中以影印的形式收于附录 IV 之中。

14.9.20

26. 对于无偏见的眼睛来说,命题是其所指的逻辑图像这点是显而易见的。

27. 存在着事实的函项吗？比如："这样的事情是实际情况比那样的事情是实际情况好。"

28. 那么,在"p是实际情况,这是好的"这样的命题中,符号 p 与出现于它之中的其它符号的结合是什么样的？这种结合是什么样的??

29. 不抱偏见的人会说：显然,这种结合在于字母 p 与那两个邻近符号之间的空间关系。但是,如果事实"p"不包含任何物,这时这种结合又在于什么呢？

30. "p,这是好的"或许可以分析为这样的形式："p. 如果 p,那么这是好的。"

31. **我们假定：p 不是实际情况**：这时,说"p,这是好的"又是什么意思呢？非常明显,在不知道"p"是真的或假的情况下,我们便可以说,基本事态 p 是好的。

32. 语法中的如下说法在此得到了阐明："一个词牵涉另一个词。"

33. 在上面诸情形中所处理的是如下事情：说明诸命题就其自身来说是如何关联在一起的。这样的**命题-联结**是如何形成的。

34. (α3γ)　　　φ(d……)①

一个函项如何能够**牵涉一个命题**???? 始终是这个古老的问题!

35. 一定不要让问题将你掩埋,要待得舒服些!

36. "φ(ψx)":假定人们给予我们一个主语-谓语命题的函项,而且我们想要通过如下方式来解释存在于这个函项与这个命题之间的那种关系:我们说,这个函项只直接与这个主语-谓语命题的主语发生关系,而起表示作用的东西是由这种关系和这个主语-谓语命题符号所构成的那个逻辑积。如果我们现在这样说,那么人们就会提出如下问题:如果你能够这样来解释这个命题,那么你为什么不以类似的方式解释其所指呢? 即:"它并不是一个主语-谓语事实的函项,而是一个这样的事实与其主语的函项的逻辑积"? 对这种解释的反对意见难道不是也必然适用于前一种解释吗?

14.9.21

37. 对我来说,某种意义上说如下之点现在似乎突然变得非常清楚了:一个基本事态所具有的性质必然总是内在的。

38. φa,ψb,aRb。人们可以说,如果前两个命题是真的,那么基本事态 aRb 便总具有某种性质。

39. 如果我说:p 是实际情况,这是好的,那么此事必然恰恰**就其本身来说**就是好的。

---

① 上面这两个公式在 *Notebooks 1914-1916* 第一版(1961 年)中没有包括进去,在第二版(1979 年)中以影印的形式收于附录 IV 之中。

40. 现在如下之点对我来说似乎很清楚：绝不存在诸基本事态的函项。

14.9.23

41. φ(a), ψ(b), aRb; (∃x,y): φx. ψy. xRy

aRb. φ(a). ψ(b) =_{Def.} (φ,ψ)(aRb) = Ω(x)

aRb　　　　　　　　aσc, bσd

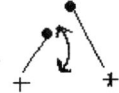

cSd ①

42. 人们会提出这样的问题：基本事态 p 如何能够具有一种性质，如果情况最后并非是这样的？

14.9.24

43. 诸关系之配合是如何可能的，这个问题与真性-问题是同一个问题。

14.9.25

44. 因为后一个问题与诸基本事态（表示着的基本事态与所表示的基本事态）之间的配合如何可能的问题是同一个问题。

45. 它只有通过诸构成成分之间的配合才是可能的。名称和所命名的东西之间的配合提供了一个例子。（显然，诸关系之间的

---

① *Notebooks 1914-1916* 第一版(1961 年)没有收录此条笔记中的公式和示图，在第二版(1979 年)中以影印的形式收于附录 IV 之中。

配合也依某种方式发生了。)

|aRb|;|ab|;p=aRb Def

在此一个简单符号被与一个基本事态配合在一起了。

14.9.26

46. 我们的这样的——当然是有着很好的根据的——信心的根据何在:我们将能够通过我们的二维的文字表达任何一种任意的意义?!

14.9.27

47. 一个命题肯定只能经由如下方式来表达其意义:它成为它的一幅逻辑图像!

48. 如下符号之间的相似性是非常显著的:

"aRb"

和

"aσR.Rσb"

14.9.29

49. 关于命题的一般概念也随身带有一个关于命题与基本事态之间的配合的完全一般的概念:我的所有问题的解答必定是**最为简单的!**

50. 在命题中,一个世界被试验性地组建起来了。(正如在巴黎的法庭上人们用人体模型等等来表现一次汽车事故一样。)

51. 由此真性的本质必定立即显现出来(如果我不是瞎子的话)。

52. 请考虑诸象形文字,在其中每一个字都表现其所指!请考虑如下之点:即便基本事态的**真正的**图像也可以是**对的**和**不对的**。

53. "🯅🯆"如果这幅图像中的右边的人表示甲,左边的人表示乙,那么整幅图像可能在断言比如:"甲在与乙击剑。"图像文字中的一个命题可以是真的和假的。它具有一个独立于其真性或假性的意义。所有本质性的东西都必定可以在它之上得到演示。

54. 人们可以说,尽管我们不确信我们能否将所有基本事态都转换为纸上的图像,但是我们确信我们能够在一个二维的文字中描画诸基本事态的所有**逻辑**性质。

55. 在此尽管我们还总是停留在表面之上,但是我们肯定站在一条好矿脉之上。

14.9.30

56. 人们可以说,在我们的图像中右边的图形表现某种东西,左边的图形也表现某种东西,**但是**即便事实并非如此,它们之间的相对位置也表现了某种东西。(即一种关系。)

57. 一幅图像可以表现不存在的关系!!! 这是如何可能的?

58. 现在事情似乎又是这样的:好像所有关系都必须是逻辑的,以便其存在经由符号的存在便得到保证了。

14.10.2

59. 在"aRb. bSc"中将 a 和 c 结合在一起的东西并不是符号

". ",而是**同一个字母**"b"**在两个简单命题中的出现**。

60. 人们可以不说:这个命题具有某某意义,而径直说:这个命题表现了某某基本事态!

61. 它逻辑地描画它。

62. 只有以这样的方式**一个命题**才能够是真的或假的:只有经由如下方式它才能够与实际一致或不一致,即它成为一个基本事态的**一幅图像**。

14.10.3

63. 只有在一个命题被逻辑地区分成诸部分**的情况下**它才是一个基本事态的图像!(一个简单的——未分成诸部分的——符号既不能是真的,也不能是假的。)

64. 一个**名称绝非**其所命名的东西的图像!

65. 一个命题,**只有**在其是**一幅图像时**,才说出了一些东西。

66. 同语反复式没有说出任何东西,它们不是基本事态的图像:它们自身从逻辑上说是完全中立的。(一个同语反复式和一个命题的逻辑积既没有比该命题自身说出更多的东西,也没有比其说出更少的东西。)

14.10.4

67. 显然,即便"x"和"y"不表示任何东西,"xRy"也仍然可以包含一个关系的表示要素。这时,这个关系是唯一在那个符号中得到表示的东西。

68. 但是如果情况如此①，那么如下事情如何可能：在一个密码中"Kilo"的意思是"es geht mir gut"（我一切顺利）？在此，一个**简单符号**当然说出了一些东西，而且被用来告诉其它人一些事情！！——

69. 在具有上面所说的意义时"Kilo"这个**词**难道不可以是真的或假的吗？！

14.10.5

70. 无论如何，人们当然可以将一个简单符号与一个命题的意义配合起来。——

71. 逻辑只感兴趣于实际。因此，**只有**在命题是实际的**图像**的范围内它才感兴趣于它们。

72. 但是，**一个词**如何**能够**是真的或假的！它无论如何不能表达一个与实际一致或不一致的**思想**。这样的思想当然必定是分成诸部分的！

73. 一个词在**这样的**意义上不可能是真的或假的：它不能与实际一致，或者不一致。

14.10.6

74. 关于这样的两个复合物的一般概念：其中的一个可以是，因此在**某种**意义上**就是**，另一个的逻辑图像。

---

① 此处行上插入有如下文字："［涉及前面的内容］"。

75. 两个复合物的一致显然是**内在的**,因此是不能表达的,而只能显示。

76. "p"是真的,这种说法并没有说出不同于 p 的任何东西!

据此,"'p'是真的"只是一个似是而非的命题,正如所有这样的符号结合一样,它们似乎说出了某种只能显示的东西。

14.10.7

77. 如果给出了一个命题 ϕa,那么它的所有逻辑函项($\sim\phi a$ 等等)也**已经**与它一起被给出了!

14.10.8

78. 对于一个基本事态的完全的和不完全的描画。(函项和主目经由函项和主目来描画。)

79. 表达式"不能再进一步分解"也是这样的表达式之一,它们与"函项"、"物"等等一起列在禁用目录之中;但是,那个我们欲经由它来表达的东西如何被**显示**出来?

80. (人们当然既不能针对一个物也不能针对一个复合物说,它们不能再进一步分解了。)

14.10.9

81. 如果存在着诸关系之间的直接的配合,那么问题便是:出现于这些关系之中的那些物彼此是如何配合在一起的?在不考虑诸关系的**方向**①的情况下存在着它们之间的直接的配合吗？

82. 我们是不是仅仅因为受到了下面的表达式之间的表面上的类似性的误导才做出有关"诸关系之间的关系"的假定的：
"诸物之间的关系"
和"诸关系之间的关系"？

83. **在所有这些思考中在什么地方我犯了一个根本性的错误。**

84. 存在命题的可能性的问题并非出现在逻辑的中间部分，而是出现在其最起始处。

85. "无穷公理"所导致的一切问题都已经可以在"$(\exists x) x = x$"这个命题中获得解决了！

14.10.10

86. 人们常常做出一个评论，只是事后才看到它是**如何**成为真的。

14.10.11

87. 现在，我们的困难在于，可分析性或者其反面看来并没有映现在语言之中。这也就是说：我们似乎**不能**仅仅从语言中得知是否存在着比如真正的主语-谓语事实。但是，我们如何**能够表达**这个事实或其反面？**这点必须被显示出来！**

---

① 在此"方向"德文为"Sinn"。通常情况下"Sinn"意为"意义"。

88. 但是,如果我们根本不关心可分解性问题,情况会怎么样呢?(这时我们将使用这样的符号进行工作,它们没有表示任何东西,而只是经由其逻辑性质**帮助**表达。)因为甚至于未加分解的命题的确也映现其所指的逻辑性质。那么,如果我们这样说,情况会怎么样:一个命题是可以进一步分解的(当我们经由定义对其进行进一步分解时,这点便显示出来了),但是在所有情况下我们都以这样的方式使用它,好像它是不可分析的。

89. 请考虑如下之点:那些"关于**无穷**数的命题"都是通过**有穷**的符号来表现的!

90. 但是,为了定义 100,000,000 这个数,难道我们不需要使用——至少按照弗雷格的方法情况如此——1亿个符号吗?(难道这里事情不是取决于如下之点吗:我们是将它应用于集合还是物之上?)

91. 处理无穷数的命题可以像**所有**逻辑命题那样以这样的方式得到:人们计算符号本身(因为在任何地方原来的那些初始符号都没有被附加上一个外在的元素),因此在这里诸符号也必须具有所表现的东西本身的所有逻辑性质。

14.10.12

92. 一个不太重要的事实:一个完全分析了的命题所包含的名称的数目恰恰同于它的所指所包含的物的数目,这个事实构成了经由语言而对世界所进行的全总的表现的一个例子。

93. 为了理解"无穷公理"之类的命题的真正的意义,现在人们必须更为精确地研究基数的定义。

14.10.13

94. 逻辑照料自身；我们只需查看一下它是如何做到这点的。

95. 让我们考虑如下命题："存在着只有一个成员的集合。"或者，与之相同的命题：$(\exists \phi):.(\exists x):\phi x:\phi y.\phi z. \supset_{y,z}. y=z$

在"$(\exists x).x=x$"的情况下，人们会认为它是同语反复的，因为如果它是假的，我们根本就不能将它写出来。但是在此我们将它写出来了！人们可以研究**这个**命题，而非"无穷公理"！

96. 我知道，下面这样的命题就其现有形式来说是没有任何意义的：如果仅仅存在着物，人们能够谈论数吗？因此，比如假定世界仅仅由一个物组成，此外再也没有其它任何东西，这时人们可以说存在着一**个**物吗？罗素很有可能会说：即使有一个物，也存在着$(\exists x)\hat{\xi}=x$这样的函项。但是！——

97. 如果这个函项不行的话，那么只有在如下情况下我们才能谈论 1：存在着这样一个实质函项，只有一个主目满足它。~~但是，正如我们所看到的那样，我们没有任何理由相信存在着这样一个函项。~~

98. 如下命题的情况如何：

$(\exists \phi).(\exists x).\phi(x)$

和：

$(\exists \phi).(\exists x).\sim\phi(x)$？

其中之一是同语反复式吗？它们是某一门科学中的命题吗？也即，它们究竟是**命题**吗？

99. 但是，我们要记住：刻画逻辑的特征的东西是**变项**，而非一般性符号!

14.10.14

100. 竟然存在着一门关于完全一般化的命题的科学吗？这听起来极为不可能。

101. **如下之点是显然的**：如果存在着完全一般化的**命题**，那么它们的意义不依赖于任何任意的符号构成！但是，这时这样一种符号结合只能经由它自己的逻辑性质来表现世界，也即，它不能是假的，且不能是真的。因此，根本不存在完全一般化的**命题**。但是现在看一下应用！

102. 但是现在看一下如下命题：

"$(\exists \phi, x).\phi(x)$"

和

"$\sim(\exists \phi, x).\phi(x)$"。

其中的哪一个是同语反复的，哪一个是矛盾的？

103. 总是产生这样的需求：将具有内在的关系的命题互相比照地摆放在一起。人们可以直接为这本书附加上图表。

104. （一个同语反复式**显示**它似乎**说出**的东西，一个矛盾式显示它似乎说出的东西的**反面**。）

105. 显然，只要给予了我们**一个语言**，那么我们便能够构造出所有可能的完全一般的命题。正因如此，如下事情根本是不可置信的：这样的符号结合竟然能够真的说出关于世界的某些东西。——但是，另一方面，请注意这一从基本命题到完全一般的命题的逐渐的过渡！！

106. 人们可以说：人们能够**先天地**构造出所有完全一般的命题。

14.10.15

107. 但是，事情似乎是这样的："$(\exists \phi, x).\phi(x)$"中所包含的诸形式的单纯的存在**单独来看并不**能决定这个命题的真性或假性！因此，如下事情并非是**不可设想的**：比如没有基本命题的否定是真的。但是，这个断言难道不是已经涉及了**否定的意义**吗？

108. 显然，我们可以将每一个完全一般的命题均理解成对某一种事实的存在的肯定或否定：但是，难道这点不是适用于所有命题吗？

109. 每一个似乎就其自身的意义有所断言的符号结合都是一个似是而非的命题（正如所有逻辑命题一样）。

110. 一个命题应该逻辑地预先形成一个基本事态。但是，它当然只能经由如下方式来做到这点：诸对象被任意地与它的元素配合起来。现在，如果在完全一般的命题中情况并非如此，那么我们无法看出它应该如何表现它之外的某种东西。

111. 在一个命题中我们以这样的方式——可以说——**试验性地**将诸物组织在一起，即在实际中它们的情况**不**必是这样的。但是，我们不能组织起某种**不合逻辑**的东西，因为为此我们必须能够在语言中超越于逻辑之外。——但是，如果一个完全一般的命题**仅仅**包含"**逻辑**常项"，那么对于我们来说它只能是——单纯地是——一个逻辑构成物,它只能做到这样的事情,即向我们显示它自己的逻辑性质。——如果存在着完全一般的命题,——那么在它们之中我们将**什么东西**试验性地组织在了一起??

112. 如果人们害怕真理(像我现在这样),那么他们绝不会预知**完全**的真理。

113. 在此我将诸命题-元素与其所指之间的关系可以说看成触角,通过它们命题与外部世界发生接触;这样,一个命题的一般化就如同触角之缩回;直到完全一般的命题被完全地隔绝开来。但是,这样一幅图像对头吗?(当我不说 ϕa 而说 $(\exists x).\phi x$ 时,我真的缩回了一个触角吗?)

14.10.16

114. 但是,现在我用来表明"$(\exists \phi, x).\phi(x)$"**不可能**为假的那些根据似乎恰恰也可以用来说明"$\sim(\exists \phi, x).\phi(x)$"不可能为假;在此,便出现了一个根本性的错误。因为我们根本无法看出,为什么恰恰第一个命题而非第二个命题应该是同语反复式。可不要忘记:矛盾式"$p.\sim p$"等等,等等,也不可能为真,而且自身当然也是一个逻辑构成物。

115. 假定一个基本命题的任何否定都不是真的,在这种情形下"否定"难道不是具有了与相反情形之下不同的意义吗?

116. "$(\exists \phi):(x).\phi(x)$"——就这个命题而言,如下之点看起来几乎是确定无疑的:它既不是同语反复式也不是矛盾式。在此,问题变得空前尖锐了。

14.10.17

117. 如果存在着完全一般的命题,那么情形看起来是这样的:这样的命题似乎是"逻辑常项"的试验性的组织。(!)

118. 但是,难道人们不能借助于诸完全一般的命题完全地描述整个世界吗?(这个问题从四面八方涌现出来。)

119. 是的,人们能够借助于诸完全一般的命题来完全地描述世界,即完全不运用任何一个名称或者说其它任何一个表示什么的符号。为了获致通常的语言,人们只需经由这样的方式引入诸名称等等:在"(∃x)"之后说"这个 x 就是 A"等等。

120. 因此,人们可以在不说出什么东西表现什么东西的情况下来绘制一幅关于世界的图像。

121. 比如,我们假定世界是由 A 和 B 这两个物和性质 F 构成的,并且实际情况是 F(A),而非 F(B)。我们也可以借助于如下命题来描述这个世界:

$(\exists x, y).(\exists \phi). x \neq y. \phi x. \sim \phi y : \phi z. \supset_{u,z}. u = z$

$(\exists \phi).(\psi). \psi = \phi$

$(\exists x, y).(z). z = x \lor z = y$

为了能识别诸对象,这里人们也需要后面那两种形式的命题。

122. 从这一切自然而然地得出如下结论:**存在着完全一般的命题!**

123. 在上面,难道仅仅第一个命题$(\exists x, y, \phi). \phi x. \sim \phi y. x \neq y$不是就足够了吗?人们可以通过如下方式来解决这里的识别困难:用这样**一个**一般命题来描述整个世界,其开始部分是:"$(\exists x,$

y,z,……ϕ,ψ,R,S……)",然后跟着一个逻辑积,等等。

124. 如果我们说"ϕ 是一个单元函项而且(x).ϕx",那么这就等于说:"只有一个物"!(借此我们便似乎绕过了命题"(∃x)(y).y=x"。)

14.10.18

125. 我的错误显然在于我错误地理解了经由命题进行的逻辑的描画。

126. 一个陈述不能涉及世界的逻辑结构,因为一个陈述为了成为可能的,一个命题为了**能够**具有**意义**,世界必须已经具有了它所恰恰具有的那种逻辑结构。世界的逻辑是先于一切真性和假性的。

127. **大致**说来:在任何一个命题能够具有意义以前,**逻辑**常项必须具有意义①。

14.10.19

128. 通过命题对世界进行的描述只有经由如下方式才是可能的:所表示的东西不是它自己的符号!应用——。

129. 通过同语反复式理论来阐明康德的问题"纯粹数学是如何可能的?"!

---

① 这个"意义"德文为"Bedeutung"。通常我将其译作"所指"。但是,由于记下此条笔记之前维特根斯坦就已经达到了这样的认识:不存在与逻辑常项相对应的逻辑对象,即逻辑常项无所指,因此在此维特根斯坦当是在"Bedeutung"这个词的通常的意义上使用它的。故此,我将其译作"意义"。

130. 显然,人们必定可以在没有**提到**任何**名称**的情况下来描述世界的结构。

14.10.20

131. 从一个命题中人们必定看出了使其为真或为假的那个基本事态的逻辑结构。(正如就一幅图像而言,如果它是正确的[真的],那么它必定显示了在它之上得到表示的诸物必定处于什么样的空间关系一样。)

132. 人们可以将这样的东西称作一幅图像的形式,即这幅图像**必须**与实际相一致的那个方面(为了能够以任何一种方式描画它)。

133. 关于经由语言而进行的逻辑的描画的理论所提供的第一个东西是关于真值-关系的本质的信息。

134. 关于经由语言而进行的逻辑的描画的理论断言(完全一般地):一个命题为了能够成为真的或假的——它为了能够与实际一致或不一致——这个命题中的某种东西就必须与实际**相同**。

135. 在"∼p"中起否定作用的东西并不是位于"p"前面的那个"∼",而是这个记号系统中所有与"∼p"具有相同的所指的符号所共同具有的那个东西;因此,也就是下面这些命题的共同之处:

$$\left.\begin{array}{l}\sim p \\ \sim\sim\sim p \\ \sim p \vee \sim p \\ \sim p . \sim p\end{array}\right\}$$ 同样的话也适用于一般性符号,等等。

等等,等等。

136. 似是而非的命题是这样的,一经分析,即可证明,它们的确也只是**显示**据说是它们所**说出**的东西的。

137. 人们感觉到,一个命题是按照罗素的摹状词的方式来描述一个复合物的。这种感觉现在得到了证明:一个命题是经由其逻辑性质来描述这个复合物的。

138. 一个命题借助于其逻辑脚手架构造起了一个世界,正因如此,如果该命题是真的,人们也能从它那里看出所有逻辑事项的情况是什么样的:人们能从一个假命题**抽引出结论**。(因此,我能看出,如果命题"(x,φ).φx"是真的,那么这个命题与某一个命题"ψa"矛盾。)

139. 从实质命题可以推演出完全一般的命题——后者与前者可以处于**重要的**内在关系之中,这个事实表明完全一般的命题是诸基本事态的逻辑构造物。

14.10.21

140. 难道罗素关于零的定义①不是没有任何意义的吗?人们竟然可以谈论x̂(x≠x)这样的一个集合吗? x≠x 和 x=x 竟然是

---

① 罗素是这样定义 0 的:

*73・48　⊦.0=$\hat{\beta}(\beta \, sm \, \Lambda)$

*101・1　⊦.0=Nc'Λ

意即:0 是所有类似于空集的集合的集合。(参见 North Whitehead and Bertrand Russell, *Principia Mathematica*, 2nd edn, vol. I, Cambridge: Cambridge University Press,1927,p. 456;vol. II,p. 18)

x 的一个函项吗？零一定不要经由(∃ϕ):(x)∼ϕx 这个**假设**来定义吗？同样的话也适用于所有其它数。这点可以帮助澄清整个关于物的数目的存在的问题。

141. $0 = \hat{a}\{(\exists\phi):(x)\sim\phi x. \alpha = \hat{u}(\phi u)\}$ Def.

$1 = \hat{a}\{(\exists\phi)::(\exists x). \phi x: \phi y. \phi z. \supset_{y,z} y = z: \alpha = \hat{u}(\phi u)\}$ Def.

[人们可以经由这样的方式来**避免使用**花括弧中的等号，即写下：

$0 = \widehat{\hat{u}(\phi u)}\ \{(x)\sim\phi x\}$。]

142. 一个命题必定**包含着**(因此，必定显示)**它为真的可能性**。但它所包含的不会多于这种**可能性**。

143. 按照我的集合定义，$(x).\sim\hat{x}(\phi x)$ 就是这样的断言：$\hat{x}(\phi x)$ 是空的，因此零的定义就是：$0 = \hat{a}[(x).\sim\alpha]$ Def.。

144. 我过去认为，ϕa 这个命题为真的可能性是与 $(\exists x, \phi).\phi x$ 这个事实联系在一起的。但是，我无法弄清楚为什么只有在存在着另一个同样形式的命题的情况下 ϕa 才是可能的。ϕa 当然不需要任何先例。(因为假定只存在两个基本命题"ϕa"和"ψa"并且"ϕa"是假的：为什么只有在"ψa"为真时"ϕa"才应该有意义？!)

14.10.22

145. 在一个命题中必定存在着某种与其所指同一的东西，但是这个命题不能与其所指同一，因此在它之中必须存在着某种与其所指**不同**的东西。(一个命题是这样一个构成物，它具有所表现的东西的逻辑特征，同时还具有其它的特征，而后者将是随意的，在不同的符号语言中将是不同的。)因此,必然存在着具有相同的逻辑特征的不同的构成物;所表现的东西便构成了这样的东西之一。在一个表现中所要处理的是,将这个构成物与其它具有相同的逻辑特征的构成物区别开来(因为,否则,这个表现就不是单义的了)。表现中的这个部分(名称之授予)必须经由随意的规定来进行。据此,每一个命题都必然包含着带有随意地确定下来的所指的特征。

146. 如果人们试着将这一点应用到完全一般的命题,那么似乎在此存在着某种根本性的错误。

147. 完全一般的命题的一般性是偶然的一般性。它处理偶然存在着的所有物。正因如此,它是一个实质命题。

14.10.23

148. 一方面,我的逻辑描画理论是唯一可能的理论,另一方面,在它之中似乎存在着一个不可解决的矛盾!

149. 如果一个完全一般的命题并没有被完全地去实质化,那么经由一般化一个命题根本没有被去实质化(像我以前所认为的那样)。

150. 不管我是在谈论一个特定的存在物还是在谈论所有存在物,我的断言都同样是实质性的。

151. "所有物",可以说这是一种取代"a 和 b 和 c"的描述。

152. 如果我们的符号恰恰与它们所映现的世界那样不确定,那么情况会怎么样?

153. 为了从一个符号中认出这个符号,人们就必须注意使用。

154. 想通过在"ϕx"前面放置一个标号的方式——比如这样:"Alg.ϕx"——来表达我们通过"(x).ϕx"所表达的东西是不适当的(在这种情况下我们不知道究竟什么东西被一般化了)。

想通过在"x"上附加一个标号的方式——比如以这样的方式:"ϕ(x_A)"——来表示它也是不适当的(在这种情况下我们不知道一般性的范围)。

试图通过在空着的主目位置上填入一个标识符的方式——比如这样:"(A,A).ψ(A,A)"——做到这点是不适当的(在这种情况下我们不能确定诸变项的身份)。

所有这些表示方式之所以都不适当,**是因为它们都没有必要的逻辑性质**。所有那些符号结合都不能——以所建议的方式——描画所希望的意义。

14.10.24

155. 为了能够以任何方式做出一个断言,我们必须——某种意义上——知道了,当这个断言为真时情况是如何的(这恰恰是我们所描画的东西)。

156. 一个命题**表达**我所不知道的东西,但是,**我在这个命题中显示我为了能够以任何方式断定它我所必须知道的东西**。

157. 一个定义是一个同语反复式,它显示存在于它的两个部分之间的那些内在关系!

14.10.25

158. 但是,你为什么从来不研究一个个别的特定的符号,以确定它是以什么样的方式进行逻辑的描画的?

159. 一个完全分析了的命题必定呈现其所指。

160. 人们也可以说,在此我们的困难最后归结为如下之点:完全一般的命题似乎不是复合性的。——

其它的命题是由这样的成分构成的,它们以任意的方式表示什么,并被统一在一种逻辑形式之中。但完全一般的命题似乎不是这样的。它们似乎没**有**任何形式;相反,它们似乎自身就构成了一个自我完成的形式。

161. 在逻辑常项的情况下,人们根本不用问它们是否存在的问题,它们甚至可以**消失**!

162. 为什么"(ϕx̂)"不能呈现(x).ϕx是如何的?在此难道事情不是**仅仅**取决于如下之点吗:那个符号**如何**——以什么样的方式——呈现某种东西?

163. 假定我要表现四对格斗中的人,难道我不能这样来做这个事吗:我只表现其中之一,并且说:"所有四对都是这样的"?(通过这个附属命题我便确定了表现的方式。)(我以类似的方式经由"(ϕx̂)"来表现(x).ϕx。)

164. 但是请思考如下之点:不存在任何假设的内在关系。如果给出了一个结构和其上的一个结构关系,那么必定存在着另一个结构,它与前一个处于那种关系之中。(这点当然存在于结构关系的本质之中。)

这点表明前面的评论是正确的,由此它绝不会成为一种逃避。

14.10.26

165. 因此,事情似乎是这样:符号与所表示的东西之间的逻辑**同一性**并不是必要的,而只有二者之间的**某种**内在的、**逻辑的**关系才是必要的。(这样一种关系之成立某种意义上说随带地包含了一种根本性的——内在的——同一性之成立。)

166. 在此所涉及的仅仅是如下事情:所表示的东西的逻辑成分仅仅经由符号和表示方式的逻辑成分便完全地加以确定了。人们可以说:符号和表示方式**一起**从逻辑上说必须与所表示的东西是同一的。

167. 一个命题的意义就是它所呈现的东西。

14.10.27

168. "x=y"**不是任何**命题形式。(后果。)

169. 显然,"aRa"与"aRb. a=b"具有相同的所指。因此,人们可以通过一种完全分析了的符号系统而使似是而非的命题"a=b"消失。对上一个评论的正确性的最好的证明。

170. 我的逻辑描画的理论的困难是找到纸上的符号与外面的世界中的某个基本事态之间的关联。

171. 我总是说,真性是存在于一个命题与一个基本事态之间的一种关系,但是却始终未能找出这样一种关系。

172. 人们可以将经由完全一般的命题而进行的对于世界的

表现称作无个性的世界表现。

173. 那么,这种无个性的世界表现是如何发生的?

174. 命题是我们所思维的实际的模型。

14.10.28

175. "有 n 个物"这个似是而非的命题所欲表达的东西通过 n 个具有不同的所指的专名的存在而显示在语言之中。(等等。)

176. 在某种意义上说,完全一般的命题所描述的东西的确是世界的结构性质。尽管如此,这些命题还总是可以是真的或者假的。即使在它们**具有了意义**之后,世界的活动范围还是一仍其旧。

的确,**每一个**命题的真或者假最终都改变了世界的普遍**结构**中的某种东西。所有基本命题的**总和**留给它的结构的那个活动范围恰恰就是诸完全一般的命题所划出的那个活动范围。

14.10.29

177. 因为,如果一个基本命题成为真的,那么无论如何我们又**多了一个**真的基本命题。

178. 一个命题为了成为真的,它首先必须**可以**是真的。只有这点才与逻辑有些关系。

179. 一个命题必须显示它所欲说出的东西。——它与它的所指的关系必定类似于一个描述与其对象之间的关系。

但是,一个基本事态的逻辑形式是不可描述的。——

180. 存在于一个命题与其所指之间的那种内在的关系,那种表示方式——是由诸坐标构成的那个系统。在这个命题中起描画某个基本事态的作用的东西就是这个系统。这个命题对应于基础坐标。

181. 人们可以将 a_p 和 b_p 这两个坐标理解成这样一个命题,它断言物质点 P 出现在(ab)位置。因此,这个断言为了成为可能的,坐标 a 和 b 必须真正地确定了一个位置。一个陈述为了成为可能的,逻辑坐标必须真正确定了一个逻辑位置!

182. (一般命题所处理的那个对象真正说来恰恰就是世界。后者通过一种逻辑的描述出现在它们之中。——正因如此,世界真正说来并没有出现于它们之中,正如一个描述的对象也没有出现于这个描述之中一样。)

183. 即使 p 不是实际情况,p 的逻辑形式某种意义上也必须存在了,这点从记号上说经由如下方式得到了显示:"p"出现在"∼p"中。

184. 困难之处是这样的:如果不存在具有 p 的形式的基本事态,那么如何能够存在这样的形式。这时,这个形式真正说来是什么样的?!

185. 不存在分析**命题**。

14.10.30

186. 人们可以这样说吗:在"∼ϕ(x)"中"ϕ(x)"呈现了情况**不是什么样子的**?

187. 即使在一幅图像上人们也可以表现一个否定的事实,方法是这样的:人们表现非实际情况的东西。

188. 但是,如果我们允许这些表现方法,那么刻画这种**表现**关系的特征的东西真正说来是什么?

189. 难道人们不能说:恰恰存在着不同的逻辑坐标系统!

190. 恰恰存在着不同的表现方式,甚至可以经由图像进行表现。起表现作用的东西并非仅仅是符号或图像,而且也有表现方法。**所有表现的共同之处是它们都可以是对的或不对的,真的或假的**。

191. 因为图像和表现方式完全位于所表现的东西之外!

两者合在一起才是真的或假的,也即**某种特定形式的图像**。(这点自然也适用于基本命题!)

MS 102[①]

14.10.30

192. **每个命题**都可以被否定。这表明,对于所有命题而言,"真"和"假"都意谓相同的东西。(这点具有最为重要的意义。)(与罗素相反。)

193. 一个命题的所指必然经由**它和它的表现方式**以是或否的方式确定下来了。

194. 在逻辑中没有并列,不可能有任何分类!

14.10.31

195. 像"(∃x,φ).φx"这样的命题,恰恰和一个基本命题一样,也是复合而成的。如下事实表明了这点:在括弧中我们必须**特别地**提及 φ 和 x。正如在一个基本命题"ψa"的情况下一样,二者——互相独立地——处于与世界的表示关系之中。

196. 情况难道不是这样吗:逻辑常项刻画了一个命题的诸基本形式的表现方式的特征?

197. 一个命题的所指必然经由它和它的表现方式以是或否

---

① 在该笔记本扉页上写有如下指示:"在我死后将其寄给我母亲。寄给:伯特兰·罗素,三一学院,剑桥,英格兰。"

的方式确定下来了。为此,它必须经由它完全地加以描述了。

198. 表现方式**不**进行描画;只有一个命题才是图像。

199. 表现方式决定了,实际必须以什么样的方式与图像进行比较。

200. 基本命题形式首先必须进行描画,所有描画都是经由这样的形式进行的。

14.11.1

201. 人们非常容易将存在于命题与其所指之间的表现关系与真性关系混淆在一起。前者对于不同的命题来说是不同的,而后者对于所有命题来说都是相同的。

202. 看起来"$(x,\phi).\phi x$"似乎是这样一个事实即 $\phi a.\psi b.\theta c$ 等等的形式。(同样,$(\exists x).\phi x$ 是 ϕa 的形式——我过去也的确是这样认为的。)

203. 我的错误必然就在于此。

204. 但是,请研究一下基本命题:"ϕa"的形式到底是什么?它与"$\sim\phi a$"具有什么样的关系。

205. 人们想一再援引的那个先例必然已经存在于符号本身之中。

206. 一个命题的逻辑形式必然已经通过其诸构成成分的诸形式给出来了。(而这些形式只与命题的**意义**有关,与它们的真性和假性无关。)

207. 在主语和谓语的形式中已经包含着主语-谓语命题的可能性,等等;但是——恰如其分地说——在其中并没有包含有关它们的真性和假性的东西。

208. 一幅图像具有它已经具有的那种与实际的关系。重要的是:它应该如何表现。同样一幅图像,按照它应该进行表现的方式,将和实际或者是一致的,或者是不一致的。

209. 命题与描述之间的相似性:**那个**与这个符号完全一致的**复合物**。(与图解法中的情形精确相似。)

只不过,人们恰恰不能**说**这个复合物与那个复合物完全一致(或者同类的话);相反,这点显示自身。因此,即使描述也具有了另一种特征。

210. 为了能够将实际与一个命题加以比较,以看出它是真的还是假的,此前我们当然必须已经完全确定了描画的方法。在我能够进行比较以前,人们必须已经将比较的方法给予了我。

211. 一个命题是真的还是假的,这点必须自我显示出来。
但是,我们必须事先知道,它将**如何**显示自身。

212. 两个人没有格斗。我们可以通过这样的方式来表现这个事实:将他们表现为没有格斗;也可以这样来表现这点:将它们表现成在格斗,并且说这幅图像显示情况**不是**什么样子的。人们**可以**借助于否定事实来表现,正如**可以**借助于肯定事实来表现一样——。但是,我们只是要研究表现**本身**的原则。

213. 命题"'p'是真的"与由如下事项构成的逻辑积具有相同的所指:"p",描写命题"p"的某个命题"'p'",以及这两个命题的诸成分之间的配合。——命题和所指之间的内在的关系是由"p"与"'p'"之间的内在关系描画的。(糟糕的评论。)

214. 千万不要深陷于局部问题之中,而总是要逃到这样的地方,在那里人们拥有对于那个整个的**单一的**大问题的自由的综览,尽管这种综览还是不清楚的!

215. "一个基本事态是可以思维的"("可以想象的")的意味着:我们可以为我们自己绘制一幅关于它的图像。

216. 一个命题必然确定了一个逻辑位置。

仅仅诸构成成分的存在,这个有意义的命题的存在便确保了该逻辑位置的存在。

尽管没有任何复合物处在那个逻辑位置之上,的确有一个东西是这样的:不处在该逻辑位置之上。

14.11.2

217. 在同语反复式中,与世界一致的诸条件(诸真值条件)——诸表现关系——互相抵消,因此它们与实际没有任何表现关系(没有说出任何东西)。

218. a=a 和 p⊃p 并非在同样的意义上是真值函项。

219. 一个命题是真的,这点并非在于它与实际具有某种**特定的**关系,而在于它与它实际上**具有**某种特定的关系。

220. 情况难道不是这样吗:一个假命题和一个真命题一样具有一个意义,并且它之具有这种意义是独立于它的假性或真性的;但是,它并没有任何所指?(这样使用"所指"一词难道不是更可取吗?)

221. 人们可以这样说吗:只要人们将主语和谓语给予了我,那么他们便将一种关系给予了我,这种关系**成立**于或者**不成立**于某个主语-谓语命题与其所指之间。只要我知道了主语和谓语,那么我便也知道了有关这样一种关系的情况,它甚至于构成了这样一种情形的不可或缺的预设:这个主语-谓语命题是假的。

14.11.3

222. 否定的基本事态为了能够存在,必须存在着肯定的基本事态的图像。

223. 有关表现关系的知识的确也只**应**建立在有关基本事态的诸构成成分的知识的基础之上!

224. 因此,人们可以这样说吗:有关主语-谓语命题的知识和有关主语和谓语的知识给予了我们有关某种内在关系的知识,等等?
严格说来,即使这点也是不正确的,因为我们不必知道任何特定的主语或谓语。

225. **显然**,我们感觉到基本命题是基本事态的图像。——这是如何发生的?

226. 表现关系的可能性难道不是必然经由命题**本身**被给予了吗?

227. 一个命题**自身**便将与它完全一致的东西和与它不完全一致的东西区分开来了。

例如：如果给出了一个命题和完全一致关系，那么当一个基本事态与该命题是完全一致的时候，它便是真的；或者，如果给出了一个命题和不完全一致，那么当一个基本事态与它不完全一致的时候，它便是真的。

228. 但是，完全一致或不完全一致等等如何给予我们？

人们如何能够向我**传达**这样的事情：一个命题是**如何表现的**？或者，这一点根本就不能向我**说出**？如果情况如此，那么我能"**知道**"它吗？如果人们应该向我说出它，那么这必须通过一个命题来进行；但是这个命题只能显示它。

229. 人们可以通过一个命题将可以言说的东西说给我。因此，为理解**所有**命题所必需的任何东西都是不可言说的。

230. 我感到在完全一般的命题中所缺失的那种存在于一个符号和其所表示的东西之间的任意的配合——正是这种配合使诸命题成为可能——在那里是经由一般性符号而发生的，正如在基本命题的情况下这种配合是经由名称而发生的（因为一般性符号并不属于**图像**）。正因如此，人们也始终感到，一般性是以与一个主目完全相同的方式出现的。

231. 人们只能否定一个已经完成了的命题。（类似的话也适用于所有 ab—函项①。）

232. 一个命题是一个基本事态的逻辑图像。

233. 否定所涉及的是被否定的命题的**完成了的**意义，而并非

---

① "ab—函项"即真值函项。

是其表现方式。

234．当一幅图像以上面提到的那种方式表现非-实-际-情-况时，它也只能通过如下方式做到这点：表现**不是**实际情况的**那种情况**。

因为这幅图像似乎说："情况**不是****这样的**"，而对于"它不是什么样的？"这个问题，答案恰恰是那个肯定命题。

235．人们可以说：否定已经涉及被否定的命题所确定的逻辑位置。

236．千万不要失去你一直踩着的那块坚硬的地基！

237．一个否定着的命题确定了这样一个逻辑位置，它**不同于**由那个被否定的命题所确定的那个逻辑位置。

238．一个被否定的命题不仅划出了那块被否定的区域和其余区域之间的界线，而且也已经指向了那块被否定的区域。

239．一个否定着的命题借助于那个被否定的命题的逻辑位置确定了它的逻辑位置。方法是这样的：它将后者描述为是位于前者之外的。

240．一个命题是真的，如果存在着它所呈现的东西。

14.11.4

241．一个命题如何确定一个逻辑位置？

242．一幅图像如何代表一个基本事态？

243．它本身当然不是这个基本事态，后者甚至于根本就不必是实际情况。

244. 一个名称代表一物,另一个名称代表另一物,并且它们自己被相互结合在一起;以这样的方式这个整体便——像一幅生动的图像一样——呈现了这个基本事态。

245. 当然,这样的逻辑结合在诸被代表的物之间必须是可能的,而如果这些物真的被代表了,那么情形便总是这样的。要注意的是,那种结合并不是任何关系,而只是一种关系的**成立**。

14.11.5

246. 因此,一个命题似乎完全是靠自己的力量表现一个基本事态的。

247. 但是,当我这样说时:一个命题的诸构成成分之间的那种结合对于被代表物来说必须是可能的;难道不是整个问题都存在于此吗!诸对象之间的这样的结合如何是可能的:它不存在?

248. 这样的结合必须是可能的,这意味着:这个命题和这个基本事态的诸构成成分必须处于某种特定的关系之中。

249. 因此,一个命题为了表现一个基本事态,它只需满足如下条件:它的诸构成成分代表该基本事态的诸构成成分,并且前者处于这样一种结合之中,对于后者来说它是可能的。

250. 一个命题符号所确保的是它所表现的事实的可能性(而并非这个事实真的是实际情况)。这点也适用于一般命题。

251. 因为,如果给出了 ϕa 这个肯定事实,那么便也同时给出了 $(x).\phi x, \sim(\exists).\phi x, \sim\phi a$ 等等,等等的**可能性**。(所有逻辑常项都已经包含在基本命题之中了。）

252. 一幅图像便是以这样的方式形成的。——

为了通过一幅图像来表示一个逻辑位置，我们必须给它附加上一个表示方式（肯定的，否定的，等等）。

253. 比如，人们也可以通过互相格斗的人体模型来显示人们**不应该**如何格斗。

14.11.6

254. 这里的情形与～ϕa 那里的情形完全一样，尽管这幅图像所处理的是不**应该**发生的事情，而不是没有发生的事情。

255. 人们能再次否定被否定的命题，这表明被否定的东西已经是一个命题，而不止是一个命题的预备材料。

256. 人们可以这样说吗：在此有一幅图像，但是在人们知道借此所应该说出的东西之前人们不能说出它是对的还是不对的？

257. 现在，一幅图像必然又将其影子投到射到世界之上。

14.11.7

258. 空间位置和逻辑位置具有如下共同之处，即两者都是某种存在的可能性。

14.11.8

259. 关于概率的诸命题中可以经由实验确证的东西没有可能会是数学！

260. 概率命题是自然科学规律的节录。

261. 它们是一般化的结论,表达了关于那些规律的一种不完全的知识。

262. 比如,如果我从一个罐子中取出黑球和白球,那么在每一次取出之前我是不能断定我所取出的会是一个白球还是一个黑球的,因为在此我对自然律没有足够精确的了解;但是,**我的确知道如下之点**:如果罐子内装的是同样多的黑球和白球,那么在连续地取出的过程中所取出的黑球的数目将接近于所取出的白球的数目,恰好**在这样的范围内我的确**是精确地了解自然律的。

14.11.9

263. 现在,我从概率命题所知道的东西是关于没有一般化的自然科学命题的某些一般的性质,比如它们在某些关系中的对称性,在另一些关系中的不对称性,等等。

264. 多形画和基本事态的看到。

265. 我以前所做出的最好的发现的原因是我想称作我的强烈的学究气质的东西。

266. "非 p"和"p"彼此矛盾,二者不可能都是真的;但是,我的确可以说出二者,**这两幅图像都存在**。它们彼此相邻。

267. 或者不如说,"p"和"~p"有如一幅图像和这幅图像之外的无穷无尽的平原一样。(逻辑位置。)

我只能借助这幅图像来构造外面这个无穷的空间,方法是:通过这幅图像来确定其界限。

14.11.10

268. 当我说"p 是可能的"时,这意味着"'p'具有意义"吗? 前一个命题谈论的是语言,因而对于其意义来说一个命题符号("p")的存在具有本质的意义吗?(在这样的情况下,它将是完全不重要的。)但是,更准确地说,难道它不是要说出"p ∨ ~p"所显示的东西吗?

269. 难道我对符号语言的研究不是对应着思维过程的研究吗?哲学家们总是认为,后者对于逻辑哲学来说具有本质性的意义。——只不过,他们总是纠缠于非本质性的心理学研究中。在我的方法中也存在着类似的危险。

14.11.11

270. 由于"a=b"不是任何命题,"x=y"不是任何函项,因此"集合 x̂(x=x)"是一个怪物,同样所谓空集也是一个怪物。(此外,我们总是有这样的感觉,在人们借助于 x=x,a=a 等等构造命题的任何地方,在所有这样的情形中,他们实际上都在企图蒙混过关。当人们说"a 存在"就意味着"(∃x) x=a"时,情况就是这样的。)

这是错误的:因为集合的定义本身便确保了真正的函项的存在。

271. 当我似乎断定一个空集的函项时,我这样说:这个函项适用于所有空的函项——即使**没有任何**函项是空的,我还是能够这样说。

272. $x \neq x. \equiv_x. \phi x$ 同于 $(x). \sim \phi x$ 吗？当然是这样的！

273. 一个命题指示了这样的可能性：事情是如此这般的。

14.11.12

274. 一个否定与一个基本命题本身在同样的意义上是**一种描述**。

275. 人们可以称一个命题的真为可能的，一个同语反复式的真为确实的，一个矛盾式的真为不可能的。这里就已经出现了我们在概率计算中所需要的那种分级的迹象。

276. 显而易见，在同语反复式中，一个基本命题依旧是有所描画的，但是它与实际的结合关系是这样地松散，以至于实际拥有了无限的自由。而矛盾式则又设置了这样的限制，以至于任何实际都不能在其中得以存在。

277. 情形似乎是这样：诸逻辑常项将一个基本命题的图像投影到实际之上——于是实际与这个投影可能或者是一致的或者是不一致的。

尽管所有逻辑常项均已经出现于一个简单命题中，但是它自己的初像当然也**必定**完全地并且未加分解地出现于它之中！

278. 因此，一个简单命题可能并不是一幅图像；相反，它是它的初像——这个初像必定出现于它之中？

279. 于是，这个初像真正说来并不是一个命题，(但是它具有一个命题的形式)并且**它**可能对应于弗雷格的"假定"。

280. 于是,一个命题是由一些初像构成的,这些初像被投影到世界之上。

14.11.13

281. 就这个工作而言采取如下做法比在任何其它工作的情况下都更值得:总是一再地将人们认为已经解决了的问题看作还没有得到解决的,从新的角度考察它们。

14.11.14

282. 请思考通过模型对**否定的**事实的表现。比如:两列火车不应该以如此这般的方式停在铁轨上。从否定意义上说,一个命题,一幅图像,一个模型,有如这样一个固体,它限制了其它的固体活动的自由;从肯定意义上说,它们有如一块由固体物质所围起来的空间,在其内为一个物体留有位置。

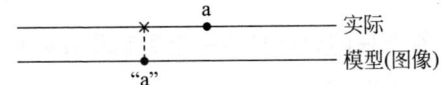

这种呈现**非常**清楚,它必定导致一种解决办法。

14.11.15

283. 一幅图像到实际的投影。

(麦克斯韦的力学模型方法。)

284. 不要关心你已经写出的东西!总是重新开始思考,好像什么也没有发生一样!

285. 一幅图像似乎投在世界之上的那个影子：我应该如何精确地把握这个影子？

这里存在着一个深奥的秘密。

286. 它是否定的秘密：事情不是这样的，然而我们却能说出事情**不是什么样的**。——

287. 一个命题恰恰只是对一个基本事态的**描述**。(但是，所有这一切都还停留在表面之上。)

288. 起始处的**一个**洞见的价值大于中间某处的许多洞见。

14.11.16

289. 为了使十进位记号系统成为可能人们引入了符号"0"：这个步骤的逻辑意义。

14.11.17

290. 假定"ϕa"是真的，这时如下说法的意义是什么：∼ϕa 是可能的？

(ϕa 本身与∼(∼ϕa)具有相同的所指。)

14.11.18

291. 在此所处理的始终只是一个逻辑位置的存在。

但是，这个"逻辑位置"——究竟——是什么！？

14.11.19

292. 命题和逻辑坐标：此即逻辑位置。

14.11.20

293. 对应于一个命题的意义的那种实在当然只能是它的诸构成成分,因为对**所有**其它的东西我们当然一概无所**知晓**。

294. 如果构成这种实在的还有其它的东西,那么这个东西无论如何是不可表示的,也是不可表达的,因为在第一种情况下,它还是一个构成成分,在第二种情况下,这个表达式将是一个这样的命题,对于它来说,正如对于原来的那个命题一样,又存在着同样的问题。

14.11.21

295. 如果我理解"ϕa"的意义,但是却不知道它是真的或假的,那么真正说来我知道什么? 这时,我所知道的东西当然不比 $\phi a \vee \sim \phi a$ 多;这也就是说,我什么也不**知道**。

296. 由于对应于一个命题的意义的诸种实在只是它的诸构成成分,因此即使逻辑坐标也只能指涉这些构成成分。

14.11.22

297. 在此我又在试图表达不可表达的东西。

14.11.23

298. 尽管一个命题只能指向逻辑空间中的一个位置,但是经由它整个的逻辑空间的确必然**已经**给出来了。——否则,经由否定、析取等等,**新的**成员便一再地被引入进来了——而且是互相配合地被引入进来的,这自然是不应该发生的事情。

14.11.24

299. 命题和基本事态有如米尺与所要测量的长度那样互相关联。

300. 人们可以从**命题**"(x).ϕx"推导出**命题**"ϕa",这点表明了一般性如何已经出现在**符号**"(x).ϕx"之中。

301. 同样的话自然也适用于任何一般性符号。

302. 在一个命题中,我们将一个初像置于实际之上。

303. (在研究否定事实时人们总是一再地感觉到,它们好像是假定了命题符号的存在。)

304. 否定命题的符号**必须**经由肯定命题的符号构造起来吗?(我认为:是的!)

为什么人们不应该能够经由一个否定事实来表达一个否定命题?!正如人们不以米尺,而以米尺之外的空间作为比较的对象一样。

305. 真正说来**命题**"∼p"如何与**命题**"p"矛盾?这两个符号之间的内在关系必定意味着矛盾。

306. 自然,在每一个否定命题之后人们都必定可以提出这样的问题:情况**不是什么样的**;但是这个问题的答案肯定又只是一个命题。(这个评论不完整。)

14.11.25

307. 那个被用作为符号的否定的事实情况当然可以成立,而同时并不存在反过来表达它的命题。

308. 在研究这些问题时情形似乎总是这样的：它们好像已经得到了解决。这种幻觉源自于如下事实：这些问题常常从我们的视野中完全消失了。

309. 仅仅通过观察 $\phi\hat{x}$ 和 a 我便能够看出 $\sim\phi a$ 是实际情况。

310. 这里的问题是这样的：肯定的事实是初始性的，而否定的事实是派生性的吗？抑或是它们具有同样的地位？而如果情况是这样的，那么 p∨q, p⊃q 等事实又如何处理呢？难道它们不是具有和 ~p 同样的地位吗？但是，难道**所有事实**不是都**必然**具有同等的权利吗？问题真正说来是这样的：除了肯定事实之外，还有事实吗？（因为不将不是实际情况的东西与取而代之的**是**实际情况的东西混淆在一起，这是很困难的。）

311. 很清楚，所有的 ab-函项都不过是如此多不同的关于实际的测量方法。——毫无疑问，经由 p 和 ~p 而进行的测量方法具有某种优于所有其它测量方法的独特之处。——

312. 使我不得安宁的是肯定事实和否定事实的**二元论**。当然不可能存在着这样一种二元论。但是，如何避免它？

313. 所有这一切都会经由对于命题的本质的理解而自动获得解决！

14.11.26

314. 当针对一个物我们做出了所有肯定断言时，我们当然并没有因此而已经做出了所有否定的断言！一切都取决于这点！

315.【我】所担心的那种肯定和否定的二元对立是不存在的，

因为(x).ϕx,等等,等等,既不是肯定的,也不是否定的。

316. 即便一个肯定命题不**必**出现在一个否定命题之中,在任何情况下这个肯定命题的初像也不必出现在这个否定命题之中吗?

317. 通过区分——而且是在每一个可能的记号系统中——～aRb 和～bRa 的方式,我们假定了,在每一个记号系统的否定命题的主目和主目位置之间都存在着某种特定的配合关系;而这样的配合关系便构成了那个被否定的肯定命题的初像。

318. 因此,难道一个命题之中的真正的图像不是那种存在于它的诸构成成分——通过它们我们还没有**说出**任何东西——之间的配合关系吗?

319. 我之所以没有弄清楚,是否是因为我误解了那些关系的本质?

320. 难道人们能否定一幅**图像**吗?不能。正是这点将图像和命题区分开来了。图像能当作命题使用。但是,在这种情况下,某种东西被附加给它了,正是这种东西使得它现在有所**言说**。简言之:我只能否定"这幅图像是对的"这点,但是,我不能否定该**图像**。

如果我将诸对象与一幅图像的诸构成成分配合起来,那么**经由这点**它现在便表现了一个基本事态,现在它就或者是对的,或者是不对的。(比如,一幅图像表现了一个房间的内部情况,等等。)

14.11.27

321. 如果 p 是假的,那么"∼p"便是真的。因此,在真命题"∼p"中,一部分是一个假命题。那么"∼"这个钩子是如何使它与实际一致起来的?自然,我们已经说过,使它与实际一致起来的并非仅仅是"∼"这个钩子自己,而是不同的否定符号所共同具有的所有东西。而所有这些否定符号所共同具有的东西显然必源自于否定的意义本身。因此,一个否定符号自己的意义的确必然以这样的方式映现自身于这个符号之中。①

14.11.28

322. 否定与基本命题的 ab-函项是结合在一起的。基本命题的诸逻辑函项必然也像所有其它函项一样是映现其意义的。②

14.11.29

323. ab-函项并非停留在基本命题之前,而是穿过它们。

324. 可显示的东西,不可说。

325. 我相信,人们可以将同一性符号从我们的记号系统之中彻底地清除出去,而(或许)总是仅仅通过诸符号的同一性来指示同一性。这时,$\phi(a,a)$ 自然不是 $(x,y).\phi(x,y)$ 的特殊情形,ϕa 不是 $(\exists x,y).\phi x.\phi y$ 的特殊情形。于是,人们可以不写 $\phi x.\phi y \supset_{x,y}$

---

① 在此评论中出现的"意义"德文为"Bedeutung"。通常我将其译作"所指"。但是,由于记下此条笔记之前维特根斯坦就已经达到了这样的认识:不存在与逻辑常项相对应的逻辑对象,即逻辑常项无所指,因此在此维特根斯坦当是在"Bedeutung"这个词的通常的意义上使用它的。故此,我将其译作"意义"。

② 见前注。

x=y,而直接写~(∃x,y).ϕx.ϕy.

326. 经由这个记号系统,似是而非的命题(x)x＝a 或类似的命题便丧失了其一切似乎有根据的假象。

14.12.1

327. 一个命题似乎说:这幅图像以这样的方式不能表现任何(或者能够表现某一)基本事态。

14.12.2

328. 重要的事情恰恰是确定将一个命题与单纯的图像区分开来的东西。

14.12.4

329. 请看比如等式~~p＝p:这个等式和其它等式一起决定了 p 的符号,因为它断言存在着为"p"和"~~p"所共同具有的东西。经由这点那个符号便获得了这样的性质,它们映现如下事实:双重否定等于肯定。

14.12.5

330. "p∨~p"如何没有说出任何东西?

14.12.6

331. 牛顿力学使世界描述具有了一个统一的形式。假设有这样一个白色的平面,其上分布着不规则的黑色斑点。现在,我们说：无论由此而形成了一个什么样的图像，我都能通过这样的方式随意地接近于它的描述，即用一个由正方形组成的适当精确的网络覆盖在这个平面之上，然后针对每一个正方形断言它是白色的或是黑色的。通过这样的方式我便使对于该平面的描述具有了一个统一的形式。这个形式是任意的，因为为了获得相同的效果我本来也可以使用一个由三角形或六角形的网眼构成的网。或许通过使用三角形的网该描述会变得更加简单；这也就是说，借助于一个较粗糙的三角形网比借助于一个由正方形组成的较精细的网我们能够更加精确地描述该平面（或者相反），等等。不同的世界描述系统对应于不同的网。通过如下断言力学确定了世界描述的形式：世界描述中的所有命题都必须能够从某些给定的命题——力学公理——按照给定的方式得到。通过这样的方式，它便为科学大厦的建构提供了材料，并且说：无论你要建构的大厦是什么样的，你都必须以某种方式使用，而且仅仅使用，这些材料将其组建起来。

正如通过使用数的系统人们必然能够写出每一个任意的数一样，通过使用力学系统人们必然也能够写出物理学的每一个任意的命题。

现在，我们便看清了逻辑和力学的相对位置。

（人们也可以让这个网由不同种类的图形来构成。）

一幅图像——比如上面所提到的那幅图像——可以经由一个给定形式的网来描述，这点并没有说出关于该图像的任何东西。（因为这点适用于每一个这种类型的图像。）但是，它可以被某个具有**特定的**精细性的特定的网加以描述，这点却刻画了该图像的特征。因此，世界可以经由牛顿力学来描述，这点也没有说出有关它的任何东西;但是,它可以经由牛顿力学以它事实上恰好被它描述的那种方式加以描述,这点的确说出了有关它的某些东西。(**很久以前我便感觉到了这点**。)——经由一种力学比经由另一种力学世界可以得到更为简单的描述,这点也说出了有关它的某些东西。

力学是这样一种尝试,它欲将我们为了给出世界描述所需使用的所有命题都按照**一种**蓝图构造出来。(赫兹的不可见的质量。)

赫兹的不可见的质量**自认**是似是而非的对象。

14.12.7

332. 一个命题的诸逻辑常项是其为真的条件。

14.12.8

333. 在我们的真的和假的思想背后总是一再地存在着这样一个黑暗的地方,只是事后我们才能将其置于光亮之下,并将其作为一种思想说出来。

14.12.12

334. p.同语反复式＝p;这也就是说,同语反复式没有说出任何东西!

14.12.13

335. 否定是一种自我抵消的运算,这点穷尽了否定的本质了吗?如果情况是这样的,那么在 $\chi p \neq p$ 这样的假定之下,当 $\chi\chi p = p$ 时,χ 必定意谓否定。

336. 如下之点终究是确定无疑的：按照这两个等式，χ 不可能再表达肯定。

难道这些运算所具有的消失的能力不是显示了它们是逻辑运算吗？

14.12.15

337. 显而易见：我们可以引入我们乐于引入的任何东西作为 ab-函项的书写符号，而真正的符号将自动地构造出来。那么，在此什么样的性质将自动地构造出来？

338. 围绕着一幅图像（命题）的那个逻辑脚手架决定了逻辑空间。

14.12.16

339. 一个命题必定把捉着整个逻辑空间。

14.12.17

340. ab-函项符号不是实质性的，否则它们就不能消失。

14.12.18

341. 在一个真正的命题符号中必定能够区分出和在一个基本事态中恰好同样多的部分。它们的同一性就在于此。

14.12.20

342. 在"p"中所能认出的部分既不能多于也不能少于在"∼

p"中所能识别出的部分。

343. 一个基本事态如何能与"p"一致,而与"～p"不一致?

344. 人们也可以这样问:当我为了使另一个人明白我的意思而要发明一种**语言**时,我必须与他就我们的表达式约定一些什么样的规则?

14.12.23

345. 有关我的关于物理学的自然描述的意义的理论的独特的例子:两种热理论,在一个时期热被理解为一种材料,在另一时期它被理解为一种运动。

14.12.25

346. 一个命题说出了某些东西,这同于:它与实际具有某种特定的关系,**而无论这个实际是什么样的**。如果**这个实际**和那种关系被给出了,那么该命题的意义便被知道了。"p∨q"与实际的关系不同于"p.q"与实际的关系,等等。

347. 命题的可能性自然是建立在符号**代表**对象这个原则基础之上的。

348. 因此,在一个命题之中我们拥有的东西是:某种东西被**某种另外的东西**所代表。

但是,我们还拥有那种**共同的**黏合剂。

349. 我的基本思想是:"逻辑常项"不代表什么。——事实的**逻辑**是不**可**被代表的。

14.12.29

350. 名称在命题中代表对象。

15.1.11

351. 一把米尺并没有说出某个需要测量的对象是一米长的。即使在如下假设下情况也是一样：我们已经知道了它要被用来测量这个**特定的**对象。

352. 难道人们不是可以提出这样的问题吗：为了使这把米尺能够就一个对象的长度有所**言说**，我们必须给其附加上什么东西？

353. （一把没有这样的附加物的米尺是"假定"。）

14.1.15

15.1.15

354. 在如下情况下命题符号"p∨q"都是对的：p是实际情况，q是实际情况，二者都是实际情况，在其它情况下它都不对：这似乎极为简单；【我们的问题的】答案将会**如此**简单。

15.1.16

355. 一个命题被与一个假设的基本事态配合在一起。

356. 这个基本事态是经由其描述给出的。

357. 一个命题是对一个基本事态的描述。

358. 正如对于一个对象的描述是根据其外在性质而进行的一样,一个命题是根据一个事实的内在性质而对其进行描述的。

如果这个对象具有所断言的那些性质,那么这个描述便是对的:如果这个基本事态具有这个命题所陈述的那些内在性质,那么这个命题便是对的。

15.1.17

359. 基本事态 p.q **属于**命题"p∨q"**之下**。

360. 关于物理学中的网-比喻:尽管诸斑点是几何图形,但是显而易见,几何学却根本不能就它们的形状和位置说出任何东西。不过,这个网却是**纯粹**几何学性质的,它的所有性质都可以先天地给出来。

15.1.18

361. 命题与描述之间的比较是纯粹逻辑的比较,因此我们**必须**将其继续进行下去。

15.1.20

362. 为什么**所有**是一个逻辑概念?

363. 为什么**所有**是一个形式概念??

364. 为什么情况如此:**所有**能出现在任何一个命题之中?因为这是形式概念的独特特征!

365. **所有似乎**更接近于命题的内容,而非其形式。

366. 所有：物，所有：函项，所有：关系：所有似乎是物概念、函项概念等等和单个的物、单个的函项之间的结合**项**。

367. 一般性本质上讲是与基本-**形式**结合在一起的。

368. 那句摆脱僵局的话——?!

15.1.21

369. 从对命题形式的一般性的考察开始的过渡：**极为困难，像神话一样**。

15.1.22

370. 我的**全部的**任务就在于解释命题的本质。

这也就是说，给出所有事实——命题**是**它们的图像——的本质。

371. 给出一切存在的本质。

372. （在此存在并非意味着实存——那样的话它将是没有任何意义的。）①

15.1.23

373. 否定是一种运算。

---

① 这两个评论中的"存在"和"实存"德文分别为"Sein"和"existieren"。在此，维特根斯坦所要表达的意思或许是这样的：作为一名哲学家，更准确地说，一名形而上学家，他的任务在于探讨命题的本质，进而一切可能的事态（包括事实）的本质；或者说，在于探讨一切可能世界的本质，而非仅仅探讨现实世界的本质。因此，"存在"是联系着一切可能世界来说的，而"实存"则仅仅是联系着现实世界来说的。

374. 一种运算表示一种运算。

375. 语词是探针,其中的一些达到了底层,而另一些只是达到了稍微深一点儿的地方。

376. 一个运算自然并没有说出什么,只是它的结果说出了一些东西;而这点取决于该运算的对象。

15.1.24

377. 逻辑的似是而非的函项**是**运算。

378. 只有运算可以消失!

379. 一个否定命题排除了实际。

380. 包罗一切的、映现世界的逻辑如何能使用如此特殊的钩子和手段呢?! 只有通过如下方式:所有这些东西一起连接成一个**无限精细**的网络,一面巨大的镜子。

15.1.25

381. 人们也可以说:当 p 是真的时候,~p 是假的。

15.1.29

382. 语言是分节的。

15.2.7

383. 音乐主题某种意义上说是命题。因此,对于逻辑的本质的认识将导致对于音乐的本质的认识。

15.2.14

384. 如果存在着数学对象——逻辑常项——那么命题"我在吃五个李子"便是一个数学命题。但是,它甚至于不是应用数学中的命题。

385. 一个命题必须**完全地**描述了它的所指。

15.3.4

386. 一首乐曲是一种同语反复式,它是自我完成的;它自己满足自己。

15.3.5

387. 人们一直有这样的预感:必定存在着这样一个问题领域,在那里存在着这样的答案,它们以对称的方式——先天地——联合在一起,形成了一个封闭的、合乎规则的构成物。

388.(一个词越是古老,它通达的地方就越深。)

15.3.6

389. 否定的问题,析取的问题,真和假的问题——只是同一个大问题在以不同的方式放置的大大小小的哲学之镜中的镜中像。

15.3.7

390. 正如 $\sim\xi, \sim\xi \vee \sim\xi$ 等等是同一个函项一样,$\sim\eta \vee \eta, \eta \supset \eta$ 等等也是同一个——即同语反复的——函项。正如其它的函项一样,它们也是可以研究的——而且研究它们或许是有益处的。

15.3.8

391. 我的困难仅仅是一种——巨大的——表达困难。

15.3.18

392. 显然,对一个命题符号所进行的最为精确的研究不能得到它所断言的东西——但是一定能够得到它**能够**断言的东西。

15.3.27

393. 一幅图像可以取代一个描述。

15.3.29

394. 因果律根本不是一条规律,而是**一条**规律的形式。

395. "因果律",这是一个类名。正如在力学中有比如最小律——诸如最小作用律——一样,在物理学中也有一**个**因果律,一个具有因果形式的规律。

正如在准确地知道其具体形式之前,人们的确甚至于就已经猜测到必然存在着**某种**"最小作用律"一样。

(在此,正如在许多情况下一样,先天的东西被证明是某种纯逻辑的东西。)

15.4.3

396. 一个命题是世界的一个尺度。

397. 这是关于一个过程的图像,而且是不对的。这时,它如何还是那个过程的图像?

398. 当"a"与"b"处于关系"R"之中时,"a"**可以代表** a,"b"**可以代表** b,那种所寻求的**潜在的**内在关系就存在于此。

15.4.5

399. 一个命题绝对不是语词的混合物。

15.4.11

400. 乐曲也并非如所有不懂音乐的人所认为的那样是声音的混合物。

15.4.12

401. 我**不能**从命题的本质到达单个的逻辑运算!!!

15.4.15

402. 我恰恰不能弄清楚在什么样的范围内一个命题是一个基本事态的**图像**!

我几乎准备放弃一切努力了。── ──

15.4.16

403. 一个描述也可以说是这样一种运算,其基础是它的辅助手段,其结果是那个被描述的对象。

404. "否定"这个符号是所有起否定作用的符号的集合。

15.4.17

405. 主观的宇宙。

406. 我们可以不在一个命题的子命题之上进行逻辑运算,而是将一些**标识符**与这些子命题配合起来,并且使用它们进行运算。这时,**一幅**命题图像便被配合上了一个与它以极为复杂的方式关联在一起的标识符星座。

(aRb, cSd, ϕe) ((p∨q). r : ⊃ : q. r. ≡ . pvr)
    p   q   r

15.4.18

407. 对于否定运算来说从 p 到 ～p 的过渡**不**具有刻画其特征的作用。(对此最好的证明是:它也从～p 导向 p。)—————。

15.4.19

408. 我不能通过语言表达映现自身于它之中的东西。

15.4.23

409. 我们并非先天地相信一条守恒律,而是先天地**知道**其逻辑形式的可能性。

410. 【充足】理由原则,自然的连续性原则,等等,等等,所有这些先天确实的原则都是关于科学命题的可能的造型的先天的洞见。

411. "奥卡姆箴言"**自然**不是一个任意的,或者说,一个经由其实际效果而得到辩护的规则。它所说的是,不必要的符号-单位没有指称任何东西。

412. 显然,满足同一个目的的诸符号从逻辑上说是相同的。

纯粹逻辑的东西恰恰**是所有**这些符号都能够完成的东西。

15.4.24

413. 在逻辑（数学）中，过程和结果是等价的。（因此，在其中不存在任何令人惊奇的事情。）

15.4.25

414. 因为语言与世界处于**内在的**关系之中，因此**它**和这些关系决定了事实的逻辑可能性。如果我们拥有一个有意义的符号，那么它就必定与某个构成物处于一种特定的关系之中。符号和关系毫无歧义地决定了所表示的东西的逻辑形式。

415. 但是，难道任何一个所谓的物不能以同一种方式被配合给任何一个这样的物吗？

比如，非常明显，我们感觉到语言的语词是彼此逻辑等价的单位，而且我们是这样使用它们的。

416. 情况似乎总是这样的：存在着人们**可以视为物的东西，另一方面**，存在着真正简单的物。

417. 显然：一个铅笔线条和一艘汽船都不是简单的：在这两者之间真的存在着一种逻辑的等价关系吗？

418. 诸如【充足】理由原则之类的"规律"所处理的是这个网，而非这个网所描述的东西。

15.4.26

419. 通常的命题必然是经由一般性而获得其简单性的印

420. 我们必须认清,语言是**如何**照料自身的。

421. 一个关于某个"复合物"的命题与那个关于该复合物的构成成分的命题处于内在的关系之中。

15.4.27

422. 意志自由在于现在不**可能知道**将来的事情。只有在如下情况下我们才能知道它们:因果性是**一种内在的**必然性——比如像逻辑推理的必然性一样。——知道和所知道的东西之间的联系是**那种逻辑必然性**的联系。

423. 我毋庸为语言操心。

424. 不对类似于非同一性。

15.4.28

425. 否定运算并非在于比如在前面附加上～,而在于由所有起否定作用的运算所构成的集合。

426. 但是,在这种情况下,这种理想的起否定作用的运算真正说来具有什么样的性质?

427. 当两个命题彼此相容时,这点如何显示出来?
如果人们用 p 取代 p∨q 中的 q,那么这个断言将成为 p!
符号 p．q 也属于肯定 p 的符号之列吗?——p 是 p∨q 的符号之一吗?

428. 人们可以这样说吗:所有这样的符号都否定了 p——它

们**没有**肯定 p，**没有**被 p 所肯定，并且**没有**以同语反复式或矛盾式的形式包含 p？

15.4.29

429. 这也就是说，所有这样的符号都否定了 p：它们依赖于 p，既没有肯定 p，也没有被 p 所肯定。

15.4.30

430. 一个**运算**的出现本身**自然**并没有说出任何东西！

431. p 被所有这样的命题肯定了，它得自于它们。

每一个与 p 互相矛盾的命题都否定了 p。

15.5.1

432. p．∼p 是一个矛盾式，这点显示 ∼p 与 p 互相矛盾。

433. 如果怀疑论欲在不可提问的地方提出疑问，那么怀疑论并非是不可反驳的，而是**明显没有任何意义的**。

434. 因为只有在存在着问题的地方才可能存在着怀疑；只有在存在着答案的地方才可能存在着问题，而只有在存在着某种**可以言说**的东西的地方才可能存在着答案。

435. 所有作出了如下断言的理论自然都必须消失："情况**必须**是这样的，否则我们根本就不能做哲学"，或者"否则我们根本不能活下去"等等，等等。

436. 我的方法并不是将硬的东西与软的东西分开，而是看到软的东西之中的坚硬之处。

437. 哲学家的一种重要艺术是不纠缠于与自己无关的问题。

438. 罗素在其"哲学中的科学方法"①中的方法纯粹是物理学的方法的一种退化【形式】。

15.5.2

439. 所有既肯定 p 又肯定 q 的符号的集合是 p．q 的符号。所有或者肯定 p 或者肯定 q 的符号的集合是命题"p∨q"。

15.5.3

440. 人们不能说,同语反复式和矛盾式都是在这样的意义上**没有说出任何东西**:它们都是比如命题刻度尺上的零点。因为最低限度说来,它们构成了**相对的两极**。

441. 人们可以这样说吗:对于两个命题而言,如果不存在任何同时肯定了它们的符号(实际上,这就意味着:如果它们没有任何共同的成分),那么它们便是彼此反对的?

442. 因此,人们将命题想象成符号的集合——命题"p"和"q"共同具有的成分是"p．q"——而且如果两个命题彼此完全位于对方之外,那么它们便是彼此反对的。

---

① 指罗素发表于 1914 年的如下文章:"On the Scientific Method in Philosophy", in *The Collected Papers of Betrand Russell*, vol. 8, *The Philosophy of Logical Atomism and Other Essays*, ed. John G. Slater, London:Allen and Unwin,1986。

15.5.4

443. 所谓归纳规律无论如何不可能是一条逻辑规律,因为显然它是一个命题。

444. 所有 Fx 形式的命题的集合是命题 $(x)\phi x$。

15.5.5

445. 存在着一般的命题形式吗?

是的,如果人们将其理解为那个唯一的"逻辑常项"!

446. 如下问题似乎总是具有一种意义的:"存在着简单物吗?"这个问题当然必定是没有任何意义的!——

15.5.6

447. 用概念文字的符号来表达似是而非的命题"存在着简单物吗?"的努力是徒劳的。

448. 不过,很清楚,当我思考这个事情的时候,我面前是有一个物的概念,一个简单的配合的概念的。

但是,我如何设想这个简单物?在此我始终只能说"'x'具有所指"。——在此存在着一个巨大的谜!

449. 作为简单物的例子我总是想到视觉图像中的点。(正如总是视觉图像的部分作为典型的"复合的对象"浮现在我的眼前一样。)

15.5.7

450. 空间复合性同时也是逻辑复合性吗?看起来当然是这

样的!

451. 但是,比如我的视觉图像中的一个具有同一种颜色的部分是由什么东西构成的?是由可以感知的最小的部分构成的吗?人们应该如何确定每一个这样的部分的位置?

452. 即使我们所使用的命题都包含着一般化,它们的特例的诸构成成分的初像当然也必定出现在它们之中。因此,问题仍然是:我们是如何获得这些初像的?

15.5.8

453. 不存在某一个特定的初像的符号,这点并没有说明这个初像不存在。符号语言的描画并不是这样进行的:一个初像的一个**符号**代表这个初像的一个**对象**。符号和与所表示的东西的内在关系决定了后者的初像,正如基础坐标和纵坐标决定了一个图形的诸点一样。

15.5.9

454. 一个问题:假定没有简单对象,那么在**逻辑**中我们也能过得下去吗?

455. **显然**,这样的命题是可能的:它们不包含任何简单符号,即**不包含这样的符号,它们直接就具有所指**。这样的命题的确是具有意义的**命题**,而且它们的诸构成成分的定义也不必放在它们边上。

456. 但是,显而易见,我们的命题的诸构成成分能够经由定义而加以分解,而且如果我们要接近命题的真正的结构,那么它们也必须经由定义而加以分解。**因此,无论如何,存在着一个分析的过程**。难道在这里不能提出这样的问题吗:这个过程是否有一天会到达一个终点？如果情况的确是这样的,那么这个终点会是什么??

457. 如果每一个被定义的符号果真都是经由其定义而才有所表示的,那么这个定义链条的确有一天必会终止于某处。

458. 分解了的命题所谈论的项目多于未加分解的命题所谈论的项目。

459. 分解使一个命题变得比原来复杂了;但是,它不能,也不应,使它比它的所指本来的样子更为复杂。

460. 当一个命题与其所指同样复杂时,它就是**完全**分解了的。

461. 但是,我们的命题的所指并非是无限复杂的。

462. 命题是事实的图像。对于一个事实,我可以绘制出几幅不同的图像。(为此,我使用逻辑运算。)但是,在这些图像中刻画这个**事实**的特征的东西在每一幅图像中都是一样的,它并不取决于我。

463. 集合"～p"已经被与命题"p"的符号集合一起给出了。正如情况所必须是的那样。

464. **但是**,这不是已经假定了所有命题的集合已经给予了我们吗？我们如何达到**它**？

15.5.10

15.5.11

465. 两个同语反复式的逻辑和是最初意义上的同语反复式吗？真的存在着这样的二元性吗：同语反复式-矛盾式？

466. 我们的简单的东西**就是**：我们所知道的最简单的东西。——我们的分析所能逼近的最简单的东西——它们仅仅需要作为初像、作为变项出现在我们的命题之中——**这**就是我们所想到的和所寻找的简单的东西。

15.5.12

467. 描画的一般概念和坐标的一般概念。

468. 假定"～(∃x)x＝x"这个表达式是一个命题，也即比如这样的命题："没有任何物"。这时，人们一定会感到非常奇怪，为了用记号表达出这个命题，我们必须使用这样一种关系(＝)，真正说来在该命题之中根本就没有谈到它。

15.5.13

469. 一种独特的逻辑操作，时间的**拟人化**！

470. 在确定已经抓住了正确的绳头之前不要拉紧绳结。

471. 我们可以将空间的一部分看作物吗？显然，在谈论空间事物的地方某种意义上说我们总是这样做的。

472. 因为通过定义消除名称之后事情似乎并没有随之得到解决——至少就我目前所能看到的范围来说。比如，复杂的空间对象对我来说某种意义上看似乎必定是物——可以说我将它们看作物。——经由名称而对它们的命名似乎不止是一种单纯的语言花招。空间的复合对象——比如——看起来——似乎——真的是物。

473. 但是，所有这一切意味着什么？

474. 至少意味着这点：我们完全出于本能通过名称来表示那些对象。——

15.5.14

475. 语言是我们的机体中的一个部分，和它同样复杂。

476. 那个关于复合物和事实的老问题。

15.5.15

477. 复合物-理论表达在如下形式的命题之中："如果某个命题是真的，那么便存在着某种东西"；在该命题所表达的那个事实，即 a 与 b 处于关系 R 之中，与该复合物——即**与 b 具有关系 R 的 a**（它恰恰是当那个命题为真时所"存在"的那个东西）——之间似乎存在着某种区别。我们似乎可以**表示**出这个东西，而且可以通过使用一个真正意义上的"复合的符号"来做到这点。——表达于这些命题之中的那些感受是非常自然的，一点也不造作。因此，必定存在着某种作为它们的基础的真理。但是，哪一种真理？

478. 什么东西取决于我的生命？

479. 如下事实是清楚的：一个复合物只能通过对它的描述才能给出；而这个描述将或者是对的，或者是不对的。

480. 一个谈论某个复合物的命题,当这个复合物不存在的时候,并不因此就成为没有任何意义的了,而只是成为假的!

15.5.16

481. 当我看到空间时,我看到了它的所有点了吗?

482. 正如人们不能在几何学中通过其坐标来表现一个与空间规律相矛盾的图形,或者给出比如一个不存在的点的坐标一样,人们也不能在语言中表现"与逻辑相矛盾的"东西。

483. 如果存在着断言初像存在的命题,那么它们会是独一无二的,是一种"逻辑命题",这些命题的总数将给予逻辑一种不可能的实在性。在逻辑中将会有并列。

15.5.17

15.5.18

484. 所有画像的可能性,我们的表达方式的全部的图像性质的可能性,都是以描画的逻辑为基础的。

15.5.19

485. 我们甚至于可以将一个运动中的物体,**而且与其运动一起**,看作物。围绕着地球转动的月球便以这样的方式围绕着太阳运动。在此,如下之点似乎清楚不过了:在这个物化①的过程中所

---

① "物化"德文为"Verdinglichung",意为:将……当作物。在此,维特根斯坦所考虑的问题是:什么东西可以充当他所理解的"物"或"对象"。

涉及的只不过是一种逻辑操作——顺便说一下,这种操作的可能性或许是意义极为重大的。

486. 或者我们考虑下面这些物化:一首乐曲,一个说出的命题。——

487. 当我说"'x'具有所指"时,在此我有这样的感觉吗:"'x'不可能指称比如这把刀子或这封信"? 完全不是。恰恰相反。

15.5.20
488. 一个复合物恰恰就是一个物!

15.5.21
489. 尽管我们能够以空间的形式表现一个违反物理学规律的情形,但却不能以这样的形式表现一个违反几何学规律的情形。

15.5.22
490. 关于带有小点的无穷序列"$1+\frac{x}{1!}+\frac{x^2}{2!}+\cdots\cdots$"的数学记号系统构成了那种扩展了的一般性的一个例子。一条规律被给出了,那些写出的项起到了说明的作用。

因此,人们可以不写(x)fx而写"fx.fy.⋯⋯"。

491. **空间的**和**时间的**复合物。

15.5.23
492. **我的语言的诸界限**意味着我的世界的诸界限。

493. 真正说来,只存在着一种世界灵魂。我首先将其称为**我的灵魂**。我将我所说的其它东西的灵魂都仅仅理解为我的灵魂。

494. 上面这个评论为决断如下问题提供了线索:在什么样的范围内唯我论是真理。

495. 很久以前我便意识到,我可以写一本名为"我发现了一个什么样的世界"的书。

496. 我们之所以假定存在着"简单的对象",主要是因为我们总是有这样的感觉:存在着简单的关系。但是,当我们思考存在于名称与复杂的对象之间的关系时,难道我们不是具有恰恰这同一种感觉吗?

497. 假定复杂对象是这本书;它的名称是"A"。于是,"A"在这个命题中的出现当然显示这本书在这个事实中的出现。**即便在分析的过程中它也不是这样被随意加以解析的,以至于比如它在每一个命题结构中的解析式与在另一个命题结构中的解析式都完全不一样。**

498. 正如一个物-名称在不同的命题中的出现一样,复合的对象的名称的出现显示了一种形式和一种内容的共同性。

499. 尽管如此,现在**无穷**复杂的基本事态似乎是一个怪物!

500. 但是如下之点似乎也是肯定的:我们不是从特定的简单对象的存在推断出简单对象的存在的;相反,毋宁说是作为一种分析的最终结果——可以说是经过描述——经过一个通向它们的过程而知道它们的。

501. 这是因为如下原因:尽管一种说法没有任何意义,但是人们还总是可以使用它——参见最后一个评论。

502. 在"我所发现的世界"这本书中我也应该报道有关我的身体的情况,并且说【它的】哪些部分服从我的意志等等。这也就是说,这是孤立主体的一种方法,或者更准确地说,一种显示如下事实的方法:从一种重要的意义上说没有主体,因为在这本书中唯独不能提到它。——

15.5.24

503. 尽管我们不是通过直接经验而知道简单对象的,但是我们却是通过直接经验而**知道**复杂对象的。通过直接经验我们认识到,它们是复合的。——它们最终必然是由简单的物构成的?

作为例子,我们从我们视野中拿出一个部分,我们看到,它还是复杂的,它的一个部分也还是复杂的,但是已经简单一些了,等等。——

504. 如下事情是可以设想的吗:我们比如**看到一个平面上的所有点都是黄色的**,但是却没有看到这个平面上的任何**一**个点?看起来事情几乎是这样的。

505. 问题的产生:那种令人窒息的紧张气氛一度汇集到一个问题之中,并且对象化了。

506. 我们应该如何描述比如一个被蓝色均匀地覆盖起来的平面?

15.5.25

507. 一个最小的可见的东西的视觉图像看起来真的是不可

划分的吗？有广延的东西便是可以划分的。在我们的视觉图像中存在着**没有**广延的部分吗？比如恒星的视觉图像？——

508. 对神秘事项的渴望源自如下事实：科学无法满足我们的愿望。我们**觉得**，即使所有**可能的**科学问题都悉数获得了解答，**我们的问题还完全没有被触及到**。自然，这时恰恰不再存在任何问题了；恰恰这就是答案。

509. 一个同语反复式被**每一个**命题肯定了；一个矛盾式被每一个命题否定了。(人们的确可以给每一个命题附加上任何一个带有"并且"的同语反复式而不改变其意义；以同样的方式可以给其附加上一个矛盾式的否定。)

"**不改变其意义**"的意思是：没有改变符号本身之中的**本质性的**东西。因为：如果不改变一个符号的意义，那么人们不能改变该**符号**。

510. 如果"aRb"有意义，那么"aRa"**必定**有意义。

15.5.26

511. 但是，现在我应该如何解释**命题**的一般本质呢？我们当然可以说：所有是(或不是)实际情况的东西都可以经由一个命题来描画。但是，这里我们使用了表达式"**是实际情况**"！它同样是成问题的。

512. 对象构成了命题的对应物。

513. 我只能**命名**对象。符号代表它们。

15.5.27

514. 我只能谈**论**它们，我不能言说它们。

515. "但是，难道不可能存在这样的东西吗：它们不能通过**命题**来表达（而且也不是任何对象）？"于是，这样的东西恰恰是不能借助于**语言**来表达的；而且我们也不能**追问**它们。

516. 如果在**诸事实**之外存在着某种东西——我们的命题没有能力表达的东西，这时情况会怎么样？但是，在那里我们的确具有了比如一些**事物**，而且我们觉得我们没有任何将它们通过命题表达出来的**欲望**。

我们不表达不能表达的东西——。我们如何想要追问：不可**表达**的**东西**是否可以表达？

517. **难道不存在诸事实之外的领域吗**？

15.5.28

518. "复合的符号"与"命题"是**同义的**。

519. 这样的说法是一个同语反复式吗：**语言**是由**命题**构成的？

看起来是这样的。

15.5.29

520. 但是，**语言**就是那个**唯一的**语言吗？

为什么不能存在着这样一种表达方式，借助于它我可以谈**论**语言？因此语言可以给我以这样的印象：它是与某种其它的东西并列的？

521. 我们假定,音乐是这样一种表达方式。这时,无论如何如下之点刻画了**科学**的特征:**没有任何**音乐主题出现于其中。

522. 我自己在此只写下命题。为什么?

523. 语言**如何**是唯一的?

15.5.30

524. 言语有如深水表面的一层薄膜。

525. 显然,下面这两个问题是一样的:什么是一个命题?什么是一个事实——或者一个复合物?

526. 为什么人们不应该这样说:"存在着复合物;人们可以用名称命名它们或者用命题描画它们"?

527. 一个复合物的名称在命题中起作用的方式类似于这样一个对象的名称——我只能通过一个**描述**认识它——在其中所起的作用。——那个描画它的命题作为描述而起作用。

528. 但是,现在如果存在着简单的对象,我们可以正确地称它们的符号和那些其它的符号为"名称"吗?

529. 或者名称可以说是一个**逻辑**概念?

"它标示一种形式和一种内容的共同性。"——

根据一个复合物的结构上的差异,它的名称以不同的方式进行表示,遵从着不同的句法规律。

530. 这种理解中的错误必定在于如下之点:一方面,它将复杂的对象和简单的对象对立起来,但是另一方面,它又将它们当成是有亲缘关系的。

然而：**构成成分**和**复合物**彼此似乎**既**有亲缘关系**又是**对立的！

（正如一座城市的地图和一个国家的地图都摆在我们面前，它们虽然大小一样，但是却是按照不同的比例尺绘制的。）

531. 如下感觉从何而来："我所看到的所有东西，这个风景，种子在空气中的飞舞，对于所有这些东西我都可以给其配合上一个名称；是的，如果不是将这个称作"名称"，我应该将什么东西称作名称"？！

532. 诸名称标识**一种**形式和**一种**内容上的共同性。——只有**与**其句法的运用**一起**它们才标示**一个特定的**逻辑形式。

15.5.31

533. 借助于使用名称的世界描述人们并不能完成比借助于一般性的世界描述更多的事情！！！

因此，即使不使用名称人们仍能维持下去？？ 当然不能。

534. 对于下面这样的陈述来说，名称是必不可少的：**这个**物具有**那个**性质，等等。

它们将一个命题形式与诸完全确定的对象联系在一起。

如果说一般性的世界描述有如一个关于世界的模板，那么名称则将它如此钉在了世界之上，以至于二者处处均叠合在一起了。

15.6.1

535. 我写下的所有东西都是有关这样一个大问题的：世界之中先天地存在着某种秩序吗？如果果真如此，它是什么样的？

536. 你往**浓雾**里看，因而能使自己相信目标就在附近。但是,雾散了,你还是没有见到目标!

15.6.2

537. 我曾经说:"一个同语反复式被**每一个**命题肯定了";但是,借此我还没有说出为什么它不是一个**命题**。难道借此我已经说出了如下之点吗:**为什么**一个命题不能由 p 和∼p **同时**肯定?!

538. 这也就是说,真正说来我的理论还没有表明命题**必须**有两极。

539. 这也就是说,现在我必须在这个理论的表达方式中为如下之点找到一种表达:**一个命题说出了多少东西**。如果我们做到了这点,那么结果必定是这样的:同语反复式**没有**说出**任何东西**。

540. 但是,如何能够找到这个说出了多少东西的尺度呢?

541. 无论如何,是存在着这样一个尺度的;我们的理论**必须**将其表达出来。

15.6.3

542. 人们当然可以说:**这个**命题说出的东西最多,即得自于它的东西最多。

543. 人们可以这样说吗:"【这个命题说出的东西最多】——即有最多的彼此互相独立的命题得自于它"?

544. 但是,难道情况不是这样吗:如果 p 得自于 q,但 q 并不得自于 p,那么 q 说出的东西比 p 多?

但是,这时没有任何东西得自于一个同语反复式。——相反,它得自于每一个命题。

类似的话也适用于与它正相反对的命题。

545. 但是,这如何可能!因为矛盾式难道不是那个说出了最多的东西的命题吗?的确,不仅"p"得自于"p.～p",而且"～p"也得自于它!每一个命题都得自于它,但是它却不得自于任何命题!?但是,我当然不能从一个矛盾式推演出任何东西。这恰恰是**因为**它是一个矛盾式!

但是,如果矛盾式是**所有命题**的集合,那么同语反复式则成为所有由没有任何共同之处的命题所组成的集合的共同之处,并将完全消失。

因此,"p∨～p"只是表面上看起来是一个符号。实际上它是一个命题的消解。

546. 可以说,同语反复式消失于所有命题之内,而矛盾式则消失在所有命题之外。

547. 顺便说一下,在这些考察中我似乎总是不自觉地从基本命题出发的。——

548. 矛盾式是诸命题的外部界限;没有任何命题肯定它。同语反复式则是它们的没有任何实质内容的中点。(人们可以将一个圆形面积的中点看成是它的内部边界。)

549. (顺便说一下,那句打破僵局的话在此还是没有说出来。)

550. 因为这里人们特别容易将逻辑加法与逻辑积混淆起来。

551. 因为我们获得了这样一个似乎令人惊奇的结果:两个命

题必须具有某种共同的东西,以便它们能够被同一个命题所肯定。

552. (但是,属于**一个**集合也是诸命题可以**共同**具有的东西!)

553. (在此我的理论中还是存在着一个明确的、决定性的不清楚之处。因此我有一种不满之感!)

15.6.4
554. 只有在"p∨q"有意义时"p.q"才有意义。

15.6.5
555. "p.q"肯定了"p"和"q"。但是,这当然并非意味着"p.q"是"p"和"q"的共同的成分,而是相反:不仅"p"而且"q"都包含在"p.q"之中。

556. 在这种意义上,甚至 p 和 ～p 也具有某种共同的东西,比如 ～p∨q 和 p∨q 之类的命题。这也就是说:的确存在着既由"p"又由"～p"所肯定的命题——比如上面的命题——,但是绝对不存在任何既肯定 p 又肯定 ～p 的命题。

557. 一个命题为了能够是真的,它必须也能够是假的。

558. 为什么一个同语反复式什么也没有说出?因为每一种可能性从一开始就已经在它那里得到允许了;因为……

559. 如下之点必定显示**在一个命题自身之中**:它说出了某种**东西**,而如下之点必定显示在一个同语反复式之中:它什么也没有说出。

560. p．～p 是 p 和～p 所共同具有的东西——也许**那个虚无**。

561. 实际上,在 p 的**真正的**符号中就已经包含了符号"p∨q"。(因为如果情况是这样的,我们就能**立即**构造出这个符号。)

15.6.6

562. (这个理论专门处理命题,可以说是将它们当作一个独立的世界来处理的,而不是在它们与它们所表现的东西的关联中来处理它们的。)

563. 图像-理论与集合-理论①之间的联系只有在以后才会变得十分明显。

564. 人们不能针对一个同语反复式说,它是真的。因为它是**被做成为真的**。

565. 在它未**表现**任何东西的意义上,它根本不是实际的图像。它是所有**图像**——彼此互相矛盾的图像——所共同具有的东西。

566. 在集合-理论中如下之点还不是很明显:为什么一个命题**需要**其对立物。为什么它是一个与逻辑空间的剩余部分**分开来**的部分。

567. 一个命题说事情是:**这样的**,而不是:**那样的**。它表现了一种可能性,并且当然**明显地**构成了这样一个整体的一个部

---

① 在此所谓"集合-理论"是指将命题看成某种形式的集合的理论。(参见前文§§442,444,463-464 以及下文§§573,586)

分——它拥有它的特征——并且它自己从它那里凸显出来。

568. p∨q∨～p 也是一个同语反复式。——

569. 尽管存在着既**允许** p 又**允许**～p 的命题,但是不存在任何既**肯定** p 又**肯定**～p 的命题。

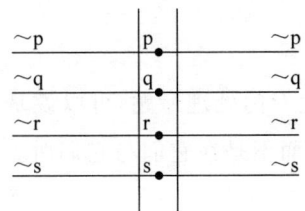

570. 当"p"给定时,"p∨q"的可能性是这样一种可能性,它所处的维度不同于"～p"的不可能性所处的维度。

571. "p∨～p"是"p∨q"的一种**完全特殊的**情形。

572. "p"与"～p∨q"没有任何共同之处。

573. 如果我将"～"附加在"p"之上,那么这个命题便进入了另一个命题集合。

每个命题都只有一个否定;……只存在一个完全位于"p"之外的命题。

574. 人们也可以这样说:那个肯定 p 和～p 的命题被所有命题否定了;那个或者肯定 p 或者肯定～p 的命题被所有命题肯定了。

575. 我的错误必定在于:在定义否定时我要使用得自于否定的本质等等的东西。——"p"和"～p"的界限的共同之处根本没有出现于我努力给出的那种否定的解释中。

15.6.7

576. 如果人们比如可以这样说:所有没有肯定 p 的命题都肯定~p 了,那么借此人们便拥有了一个适当的描述。——但是,这样说是不行的。

577. 但是,难道人们不能这样说吗:"~p"是仅仅这样的命题所共同具有的东西,它们没有肯定"p"?——由此便已经得出"p.~p"的不可能性。

(所有这一切自然已经预设了整个**命题世界**的存在。这样的预设有道理吗?)

578. 指出~p 位于 p 之外**是不够的**! 只有当**本质上将"~p"作为 p 的否定**引入时,人们才能推导出"~p"的所有性质!!

但是如何做到这点!?——

579. 或者情况是这样的吗:我们根本就不能"引入"命题~p;相反,它作为完成了的事实迎面向我们走来,我们只能指出它的个别的形式性质,比如它和 p 没有任何共同之处,没有任何命题包含着它和 p,等等,等等?

15.6.8

580. 每一个"数学命题"都是一个以符号的形式表述的分离规则。(显然,人们是不能通过一个命题来表达分离规则的。)

581. p 和~p 的界限的共同之处表达于如下事实之中:一个命题的否定恰恰只能借助于这个命题来确定。我们恰恰说:一个命题的否定是这个命题,它……而由此便有了~p 与 p 之间的关系。

15.6.9

582. 人们当然可以简单地说:p 的否定是这个命题,它与 p 不共同具有任何命题。

583. "不存在第三者"①这样的表达式真正说来是一句胡话。(在 p∨~p 中根本没有谈到一个第三者。)

584. 难道我们不能将这点应用于我们对一个命题的否定的解释之上吗?

585. 难道我们不能这样说吗:在所有仅仅依赖于 p 的命题之中,只存在着这样两类命题:一是肯定了 p 的命题,一是否定了 p 的命题。

586. 因此,我可以说:p 的否定是所有这样的命题的集合,它们仅仅依赖于"p",并且**没有肯定**"p"。

15.6.10

587. "p．q ~q"**不依赖于**"q"!!

588. **整个命题**,消失了!

589. 尽管"p．q∨~q"显然包含着书写符号"q",但是它却独立于"q",这个事实就已经表明了,η∨~η 形式的符号表面上看如何能够存在,但是它们也只是**表面上看**能够存在。

590. 这自然是因为:虽然"p∨~p"这个组织形式是极为可能

---

① 维特根斯坦给出的是拉丁文形式:"tertium non datur"。排中律(或者 p,或者非 p)的另一种说法。

的,但是它不满足这样的条件,根据它们,一个这样的复合物**说出了某些东西**,因此是一个命题。

591. 无论 q 和 r 说了些什么,"p . q ∨ ∼q"说出的东西与"p . r ∨ ∼r"说出的东西都是一样的:所有的同语反复式都说出了相同的东西。(即没有说出任何东西。)

592. 从上面关于否定的解释我们有如下结论:就任何仅仅依赖于 p 的命题而言,如果它没有肯定 p,那么它便否定了 p——而且仅仅这样的命题否定了 p。因此,"p ∨ ∼p"和"p . ∼p"都不是命题,因为第一个符号既没有肯定也没有否定 p,而第二个符号则必定肯定了它们两个。

593. 但是,由于我现在的确可以说写出 p ∨ ∼p 和 p . ∼p,尤其是可以与其它的命题一起写出它们,因此我们必须清楚地表明这些似是而非的命题现在究竟扮演了什么样的角色——特别是在那些结合之中。因为我们自然不能将它们当成完全没有任何意义的附属物——像比如一个没有所指的名称一样。相反,它们属于符号系统,正如"0"属于算术一样。

594. 因为很明显,p ∨ ∼p 扮演一个真命题的角色,不过,该命题所说出的东西为**零**。

595. 因此,我们又回到了说出的量的问题。

15.6.11

596. "p . ∼p"的反面得自于所有命题,这点说明"p . ∼p"没有说出任何东西吗?——按照我以前给出的规则,矛盾式所说出的东西的确必然比所有其它命题都多。

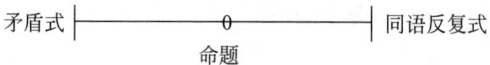

597. 如果一个说出了许多东西的命题的确是假的,那么它是假的这点恰恰应该是令人感兴趣的东西。令人惊讶的是,一个说出了许多东西的命题的否定竟然会完全没有说出任何东西。

598. 我们说过:如果 p 得自于 q,而 q 并非得自于 p,那么 q 说出的东西比 p 说出的东西多。但是,现在如果从 p 得出 q 是假的,而从 q 得不出 p 是假的,那么情况如何?

从 p 得出 ~q,从 q 得不出 ~p。——?

15.6.12

599. 真正说来,就每一个命题而言,人们都能提出这样的问题:如果它是真的,它必意谓什么东西?如果它是假的,它必意谓什么东西?

这时,按照其假定 p．~p 始终只是假的,所以它不应意谓任何东西;在此,人们甚至于都不能提出当其为真时它意谓了多少东西这样的问题。

15.6.13

600. 如果"p．~p"**可以**是真的,那么它的确说出了**非常多的**东西。但是,它是真的**这样的假定**在它那里恰恰是不在考虑范围之内的,因为它按照它的假定就始终是假的。

601. 奇特的是:"真的"和"假的"这些语词所指的是命题与世

界的关系;而为了进行表现我们又能够在命题本身中运用它们!

602. 我们曾经说:如果一个命题仅仅取决于 p,并且如果它肯定了 p,那么它便没有否定它;反之亦然:**这是一幅关于存在于 p 和~p 之间的那种互相排斥关系——即关于如下事实:~p 是位于 p 之外的东西——的图像吗**?

603. **看起来的确是这样的!** 在同样的意义上,命题"~p"是位于"p"之外的东西。——(也不要忘记:一幅图像可以具有相对于世界的非常复杂的坐标。)

604. 此外,人们可以径直说:"p.~p"没有说出任何东西——就【"说出"】这个词的真正的意义而言。因为从一开始就没有容许它能够**正确地**表现的任何可能性。

605. 顺便说一下:如果"p 得自于 q"意味着当 q 为真时,p 也必是真的,那么这时人们根本就不能说某种东西得自于"p.~p",因为根本不存在"p.~p"是真的这样的假设!!

15.6.14

606. 因此,我们已经弄清楚了如下之点:诸名称可以代表而且代表着极为不同的形式,只有句法的应用才刻画了表现形式的特征。

那么,什么是简单对象的名称的句法应用?

607. 当我谈论简单的对象时,我的基本思想是什么? 难道最终说来"复合的对象"不是恰恰满足了我似乎对简单的对象所提出的那些要求吗? 如果我将一个名称"N"赋予给这本书,并且谈论

N，那么难道 N 与这个"复合的对象"之间的关系，与那些形式和内容之间的关系，**从本质上说来不**是和我设想存在于名称和简单对象之间的那种关系一样的吗？

因为如下之点值得注意：尽管名称"N"在进一步分析时消失了，它还是指示了**某种共同之处**。

608. 但是，在命题关联之外名称的所指的情况怎么样呢？

609. 不过，人们也可以这样来提出这个问题：**简单的东西**的观念似乎已经预先包含在复合物的观念和分析观念之中了，而且是以这样的方式包含在它们之中的：我们是在完全没有考虑到简单对象的任何例子或在其中谈到了简单对象的命题的任何例子的情况下达到这一观念的；我们是作为一种逻辑必然性而——先天地——认识到简单对象的存在的。

因而，似乎简单对象的存在与复合物的存在之间的关系有如 ~p 的意义与 p 的意义之间的关系：**简单**对象已经被**预先断定**在复合物之中了。

15.6.15

610. （**一定**不要将这点与如下**事实混淆起来：构成成分**已经被预先断定在复合物之中。）

611. （一个哲学家的最困难的任务之一是找到他的困难所在。）

612. 显而易见，我事实上可以将一个名称给予放在我面前这里并且走动着的那块表，并且这个名称在任何一个命题之外都具有所指（就我总是给予这个词的那种意义而言）。我感到，这个名称在一个命题中完全符合所有那些关于"简单对象的名称"的要求。

15.6.16

613. 现在我们要看一看,这块表事实上是否符合成为一个"简单对象"所必需的所有条件！——

614. 问题真正说来是这样的:为了知道一个名称的句法处理方式,我必须知道其所指的构成吗？如果是这样的,那么该整个构成便已经表达在未加分析的命题之中了……——

615. （人们经常企图跳跃过于巨大的思想鸿沟,于是落入其中。）

616. 似乎先天地给予我们的东西是这样一个概念:**这个**。——它与**对象**概念是一样的。

617. 关系和性质等等也都是**对象**。

618. 我的困难肯定在于:在我所碰到的所有命题中都含有名称,但是在进一步分析之后它们必将消失。我知道,这样的进一步的分析是可能的,但是我又不能将其彻底完成。现在,尽管如此,我似乎知道,如果这样的分析进行到底的话,那么其结果必然是这样的一个命题,它还是含有名称、关系等等。简言之:通过这样的方式我似乎仅仅知道一种形式,但我却不知道它的任何一个实例。

我看到:这样的分析可以继续进行下去,而且可以说我也无法设想它会导致某种与我所熟悉的句子种类不同的东西。

619. 当我说这块表闪闪发光时,如果我通过这块表所意指的东西的构成发生了最为细微的变化,那么由此不仅这个命题的意义就其内容而言发生了变化,而且**关于这块表的断言也**立即改变其意义。这个命题的整个形式发生了变化。

620. 这也就是说,诸名称的句法的运用完全刻画了它们所表示的诸复合的对象的形式的特征。

621. 每一个有意义的命题都有一个**完全的**意义,而且它是实际的一幅图像,因此,在它之中还没有说到的东西也就不能属于它的意义。

如果命题"这块表闪闪发光"具有一个意义,那么**这个**命题是**如何**具有**这个**意义的这一点就必是可以解释清楚的。

622. 如果一个命题告诉了我们什么东西,那么它就其现状而言就是实际的一幅图像,而且是一幅完全的图像。——自然,还存在着它**没有**说到的东西——但是,它对它所说到的**东西**是完全地加以叙说的,而且这个东西的界限是可以**清晰地**划出的。

623. 因此,一个命题尽管或许是某个事实的一幅不完全的图像,但它**始终是一幅完全的图像**。

624. 由此现在便有这样的结论:所有名称从某种意义上说似乎都是**真实的名称**。或者,如我也可以说的那样:似乎所有对象从某种意义上说都是简单对象。

15.6.17

625. 我们假定,每一个空间对象都是由无穷多的点构成的,这时很清楚,当我谈论一个这样的对象的时候,我并不能通过名称给出所有这些点。因此,在此便存在着这样一种情形:在其中我根本不能达到那种以前意义上的完全的分析;或许,恰恰这种情形就是通常情形。

626. 这点是很清楚的:只有人类才使用的那些命题按其现状就具有一个意义,而且为了获得一个意义它们并不需要等待某种未来的分析。

627. 但是,现在如下问题似乎的确是一个合法的问题:比如空间对象是由简单的部分复合而成的吗?在对它们进行分解的时候人们达到了不可再进一步分解的部分了吗?或者情况并非如此?

——但是,这是一个什么种类的问题?——

如下之点是先天地清楚的吗:在分解的时候我们必定达到简单的构成成分——这点可以说已经包含于分解概念之中了吗?——,或者某种无穷的可分解性是可能的?——或者最终甚至于还存在着第三种可能性?

628. 那个问题是一个逻辑问题,而且空间对象的复合性是一种逻辑的复合性,因为一个物是另一个物的一部分,这种说法始终是一个同语反复式。

629. 但是,如果我要说比如一个事实的**一个**构成成分具有一种特定的性质,我该怎么办?这时我必须通过名称给出它并且运用逻辑和。

630. 似乎也没有任何理由反对某种无穷的可分解性。

631. **而且我们的心里总是不由自主地一再产生这样的想法:**

存在着某种简单的东西,不可分解的东西,存在的某种元素,简言之,某种物。

632. 虽然如下断言不违背我们的感觉:**我们**不能将**命题**分解得如此远,以至于我们可以用名称来给出对象,但是我们觉得,**世界**必是由元素组成的。而且,看起来,这似乎就等于说:世界恰恰必是它所是的那样,它必须是确定的。或者,换一个说法,摇摆不定的是我们的决定,而不是世界。否认物似乎就等于说:世界可以说是不确定的——比如在我们的知识是不确实的、不确定的意义上。

633. 世界有一个稳定的结构。

634. 通过不可分解的名称而进行的描述是否**仅仅**是**一个系统**?

635. 我想要的一切当然只是**我的意义的**完全的分解状态!!

换言之,一个命题必须是完全分节了的。它的意义与某一个其它的意义所共同具有的一切东西都必须单独地包含在这个命题中。如果出现了一般化,那么诸特殊情形的诸形式必须是显而易见的。——显然,这个要求是正当的,因为,否则,一个命题根本不可能是**任何东西**的任何图像。

因为如果在一个命题之中留下了**一些未定的**可能性,那么**如下之点恰恰是确定的:什么东西还有待确定**。一个形式的诸一般化——比如——必须是确定的。我不知道我不知道的东西,但是一个命题必须向我显示我知道的**东西**。这样说来,我**必定**会达到的这个**确定的东西**难道不直接就是简单的了吗——在我总是想到的那种意义上? 它可以说是那种坚硬的东西。

因此,"不存在复合的对象"对于我们来说意味着:在我们究竟能够谈论一个对象的复合性这种意义上,它是如何复合而成的这点在命题中必须是清晰可见的。—— 一个命题的意义必须显现在已经被分解成了其**简单的**构成成分的那个命题之中——。于是,这些成分是真正不可再加以分解的了,因为如果再加以分解,它们将恰恰不再是**这些成分**。换言之,该命题恰恰不能再由含有更多的成分的命题加以代替了;相反,任何含有更多的成分的命题也不具有**这个**意义。

无论何时,只要一个命题的意义已经完全地表达于自身之中,那么它便被分解成了它的简单的构成成分——进一步的分解是不可能的,似是而非的分解是多余的——这些成分便是原初意义上的对象。

15.6.18

636. 如果一个对象的复合性对于一个命题的意义来说是决定性的,那么它必须在决定了该命题的意义的范围内在该命题之中得到描画。而在这种复合对于**这个**意义来说**不**是决定性的这样的范围内,这个命题的诸对象便是**简单的**。**它们**不能被进一步加以分解。——

637. 对简单物的要求**就是**对意义确定性的要求。

638. ——因为如果我在谈论比如这块表,借此我意指的是某种复杂的东西,并且重要的事情并不是这种复合,那么在这个命题之中便出现了一种一般化,并且其基础形式是完全确定的——**在它们终究被给出了这样的范围内。**

639. 如果有一个最终的意义,并且有完全地表达了这个意义的命题,那么也就有简单对象的名称。

640. 这是正确的称号。

641. 但是,现在假定一个简单名称表示了一个无穷复杂的对象,情况会怎么样？比如,我们针对我们的视觉图像中的一个斑点说些什么,比如,说它位于一条线的右边,并且我们假定,我们的视觉图像中的每一个斑点都是无穷复杂的。这时,如果我们针对那个斑点中的一个点说它位于这条线的右边,那么这个命题得自于前面的那个命题,而如果有无穷多个点位于那个斑点之中,**那么便有无穷多内容各异的命题逻辑地得自于那第一个命题**！这点便已经表明,它自己事实上是无穷复杂的。也即,不是那个命题符号自身,而是它**与它的句法的运用一起**,是无穷复杂的。

642. 但是,现在如下之点自然是**非常有可能的**:事实上**并非**有无穷多不同的命题得自于一个这样的命题,因为我们的视觉图像或许——或者很有可能——不是由无穷多个部分构成的——相反,那个连续的视觉空间只是事后的构造物——;这时,恰恰只有有穷数目的命题得自于那个已知的命题,而它本身在一切意义上都是**有穷的**。

643. 但是,意义的这种**可能的**无穷复合性现在损害到其确定性了吗？

644. 人们也可以这样来要求确定性！:如果一个命题要具有意义,那么它的每一个部分的句法的运用必须首先已经确定下来了。——比如,人们不能**事后才想到**:某个命题得自于它。相反,比如,什么样的命题得自于一个命题,这点必须在这个命题能够具有一个意义以前已经得到了完全的确定!

645. 对于我来说如下事情似乎是完全可能的:我们的视觉图像中的诸斑块是简单对象,因为我们并没有单独地知觉到这些斑块中的任何一个点。星星的视觉图像似乎当然尤其如此。这也就是说,当我说比如这块表不在抽屉里时,由此根本不必**逻辑地得出**:表中的一个齿轮不在抽屉里,因为**我**或许**根本就不知道**,这个齿轮在这块表中,因此也不能用"这块表"意指一个包含有这个齿轮的复合物。如下之点是确实的:我——顺便说一下——并没有看到我的**理论**视觉图像中的所有部分。我**是否**看到了无穷多个点,这谁知道呢!

646. 假定我们看到一个圆形的斑点:这个圆形是它的**性质**吗?肯定不是。它似乎是一种结构"性质"。当我注意到一个斑点是圆形的时,在此难道我没有注意到一个无穷复杂的结构性质吗?或者我只注意到这个斑点具有一个有限的范围,即使这点似乎也已经**预设**了一个无穷复杂的结构。

647. 并非:一个命题得自于另一个命题,而是:一个命题的真得自于另一个命题的真。(正因如此,"如果苏格拉底是一个人,那么他是会死的"**得自**于"所有人都是会死的"。)

648. 但是,一个命题完全可以处理无穷多个点,与此同时它并非从某种意义上说是无穷复杂的。

15.6.19

649. 当我们看到我们的视觉图像是复杂的时,同时我们也看到它是由**较简单的**部分构成的。

650. 我们可以在心中没有想到任何特定的应用的情况下谈论如此这般种类的函项。

651. 因为当我们使用 Fx 和其它变动的形式符号的时候我们并没有想到任何例子。

652. 简言之,如果我们只联系着名称应用初像,那么便存在着这样的可能性:我们将从初像的特例的存在知道它们的存在。但是,现在我们应用**变项**,也即我们可以说仅仅谈论初像,而完全不考虑任何特例。

653. 我们借助于变项描画物、关系、性质,因此表明我们并不是从我们所遇到的某些情形中得出这些观念的,而是以某种方式先天地拥有它们。

654. 因为出现了如下问题:如果个别的形式可以说是在经验中给予我的,那么在逻辑中我当然不能使用它们,真正说来我不能写下任何一个 x 和 φy。但是,我当然不能不这样做。

655. 顺便问一下:逻辑处理某些类函项以及其它类似的东西吗?如果情况不是这样,那么 Fx,φz **等等**在逻辑中意谓什么?
这时它们必然是具有更为一般意义的符号!

656. 似乎根本不存在这样的事情:建立一个我以前所想象的那种逻辑清单。

657. 一个命题的诸构成成分必须是简单的=这个命题必须是完全分节的。

658. 但是,这**似乎**与事实矛盾?——

659. 因为在逻辑中看起来我们是想给出分节的命题的理想图像。但是,这如何可能?

660. 或者我们可以在未经进一步说明的情况下按照逻辑规则来处理像"这块表在桌子上"这样的命题? 不可以。在此我们说比如在这个命题中没有提到时间,它只是看起来……,等等,等等。

因此,在我们能够处理它之前,我们似乎必须以某种方式将其变形。

但是,这也许不具有决定性的意义,因为我们不是也同样能够让我们的通常的**逻辑的**写法来适应特殊的命题吗?

15.6.20

661. 是的,这里的问题是:我们可以未经进一步的说明将比如说出现于《数学原理》中的那种逻辑正当地应用于**通常的命题**之上吗?

662. **自然**,我们不能忽略我们在我们的命题中通过后缀、前缀、变音等等方式所**表达**的东西。

663. **但是,我们的确将数学应用于日常的命题即物理学命题之上,而且获得了最好的结果**!!

664. 但是,这多么令人惊异:无论是物,还是函项、关系,抑或是其它的逻辑的对象形式,它们都没有出现在数学物理学的已知的定理之中!! 代替物的是数,而函项和关系也完全是纯粹数学性的!!

665. 但是,事实的确是:这些命题被应用到了坚实的实际之上了。

666. 那些定理中的变项所代表的绝对不是长度、重量、时间间隔等等(如人们所常说的那样),而直接是数,它们不代表任何其它的东西。

667. 不过,如果我要应用数,那么我便达到关系、物等等,等等。比如,我说:这个长度为 5 米,在此我谈到了关系和物,而且是在**完全日常的意义**上谈到它们的。

668. 这里,我们接触到了有关物理学命题中的变项的所指的问题。这些命题绝不是同语反复式。

669. 如果人们没有就一个物理学命题的应用做出说明,那么它显然是没有意义的。如下说法有什么样的意义:"$k = m.p$"?

因此,完成了的物理学命题所处理的当然是物、关系等等。(真正说来这也是人们所期待的。)

670. 现在,一切事情都取决于如下之点:我将数应用到日常的物等等之上,而这不过是说数出现在我们的完全日常的命题之中。

671. 困难真正说来是这样的:即使我们要表达一个**完全确定的**意义,也存在着这样的可能性:我们没有达到这个目标。因此,事情可以说似乎是这样的:我们没有这样的保证,即我们的命题真的是实际的一幅图像。

672. 将物体分解成**诸物质点**,如我们在物理学中所做的那样,只不过是将其分析成**简单的构成成分**。

673. 但是,如下情形竟然是可能的吗:我们日常所使用的命题似乎只有一个不完全的意义(这点完全独立于其真性或假性),而物理学命题可以说正接近这样一个阶段,在那里一个命题真正具有一个完全的意义??

674. 当我说"这本书放在桌子上"时,这真的具有一个完全清楚的意义吗?(一个**极为**重要的问题!)

意义当然必定是清楚的,因为我们当然用这个命题意指**某种东西**,在我们**确实地**有所意指的范围内这个意义当然必定是清楚的。

675. 如果命题"这本书放在桌子上"有一个清楚的意义,那么无论什么**是实际情形**,我必定能够说出这个命题是真的还是假的。但是,当然会有这样的**情形**,在其中我不能未加进一步说明地说出是否还将这本书称作"放在桌子上"的。于是?

676. 因此,这里的情形也许是这样的情形:尽管我准确地知道我要说的东西,但是在表达它时却犯了错误?

677. 或者这种不确实性**也**可以被包含在命题之中?

678. 但是,情况也可能是这样的:尽管命题"这本书放在桌子上"完全地表现了我的意义,但是我在这里是以一种**特殊的**意义使用"放在……上"之类的语词的,而在其它地方它们具有不同的意义。我用这个动词所意指的或许是这样一种完全特殊的关系,这本书现在与这张桌子实际上具有它。

679. 因此,根本说来,物理学命题和日常生活中的命题同样清晰吗?【它们之间的】区别仅仅在于在科学的语言中对符号所做的更为一贯的应用吗??

680. 人们可以还是不可以说一个命题具有更多或更少的清晰的意义？？

681. 如下之点似乎是清楚的：我们所**意指**的东西必然总是**"清晰的"**。

我们对我们所意指的东西的表达又只能或者是正确的或者是错误的。语词的应用还是可以或者一贯的或者不一贯的。似乎不存在其它的可能性。

682. 当我说比如"这张桌子有一米长"时，我借此意指什么东西这点是极为成问题的。但是，我所意指的东西或许是"**这**两个点之间的距离有一米长，而且这些点属于桌子"。

683. 我们说过，数学已经被富有成果地应用于日常的命题之上，但是物理学命题所处理的全部是不同于我们的日常语言的对象的对象！那么，为了能够被以数学的方式加以处理，我们的命题必须被**预先以如此这般的方式加以制作**吗？显然是这样的！当讨论到数量的时候，诸如"这张桌子的长度"之类的表达式是不适当的。这个长度必须加以定义，比如被定义为两个表面之间的距离，等等，等等。

684. 是的，数学科学经由如下之点而与非数学科学区别开来：前者处理日常语言所不谈论的事物，而后者谈论一般所熟悉的事物。——

15.6.21

685. 我们的困难当然是这样的：我们一直在谈论简单对象，同时又不知道如何给出哪怕是一个例子来。

686. 如果空间中的一个点不存在,那么它的坐标也不存在,而且如果这些坐标存在,那么这个点也存在。——逻辑中的情形是一样的。

687. 一个简单的符号是**本质上简单的**。

它作为简单对象起作用。(这意味着什么?)

它的构成将完全是**无所谓的**。它从我们的视野中消失了。

688. 事情似乎总是这样的:存在着作为简单对象起作用的复杂的对象,另一方面也存在着**真正**简单的对象,如物理学中的物质点,等等。

689. 一个名称表示一个复杂对象,这点人们是从包含着它的那些命题的某种不确定性中看出的。而这种不确定性恰恰源自于这些命题的一般性。我们**知道**,经由这个命题并非一切都已经得到了确定。一般性符号的确**包含**一个初像。

690. 所有不可见的质量,等等,等等,都必须出现在一般性符号之下。

691. 命题接近真性,这是怎么一回事儿?

692. 但是,比如《数学原理》之中所说的逻辑可以完好地应用于我们的日常的命题之上。比如:按照这种逻辑,"苏格拉底是会死的"得自于"所有人都是会死的"和"苏格拉底是一个人"。这显然是正确的,尽管同样明显的是,我并不知道苏格拉底这个物或者会死这个性质具有什么样的结构。在此它们恰恰是作为简单对象而起作用的。

693. 某种情形使得如下事情成为可能:某些形式被经由一个

定义投影到一个名称之中。显然,这样的情形便已经保证了这个名称这时也可以像一个真正的名称那样得到处理。

694. 对于看得清楚的人来说,如下之点的确是显而易见的:像"这块表放在桌子上"这样的命题包含着许多不确定性,尽管其形式从外表看似乎是完全清楚而简单的。因此,我们**看到**,这种简单性只是构造出来的。

15.6.22

695. 因此,对于**那个没有偏见的心灵**来说如下之点也是清楚的:命题"这块表放在桌子上"的意义比这个命题本身要复杂。

696. 我们的语言的约定是异乎寻常地复杂的。人们在思想中给每一个命题附加上了大量没有说出的东西。(这些约定与怀特海的"约定"是完全相似的。它们或许是**具有某种形式上的一般性的定义。**)

697. 我只想为日常命题的歧义性进行辩护,因为它是**可以得到辩护的**。

698. 显而易见:**我知道**我通过一个歧义的命题**所意指的**东西。但是,这时另一个人不理解它,并且说道:"是的,但是如果你所意指的是这个,那么你必须给该命题附加上如此这般的东西";如果这时又有一个人表示还是不理解这个命题,还要求更详细地表述它,那么我便会回答说:是的,**这**肯定是不言而喻的。

如果我对某个人说:"这块表放在桌子上",现在他说:"是的,但是当这块表处于如此这般的位置时,你还会说'它放在桌子上'吗?"这时,我便没有把握了。这表明,我并不知道**一般说来**我通过

"放在"所意指的东西。如果人们以这样的方式将我逼入困境,以便向我表明我并不知道我所意指的东西,那么我会说:"**我知道我所意指的东西;我恰恰意指这个**",与此同时或许用手指着所涉及的复合物。在这个复合物之中我事实上拥有处于一种关系之中的两个对象。——但是,这**真正说来**只是意味着:事实也可以通过这种形式**以某种方式**加以描画。

699. 如果现在我这样做了,而且用名称来表示诸对象,那么它们由此便成为简单的了吗?

但是,这个命题当然是那个复合物的一幅图像。

700. 这个对象对于**我来说是简单的**!

701. 如果我将比如一根棍子称为"A",一个球称为"B",那么我可以针对 A 说:它靠在墙上,但是却不能针对 B 这样说。在此 A 和 B 的内在本性便清楚可见了。

702. 如果一个名称表示一个对象,那么由此它便与这个对象处于这样一种关系之中:它由该对象的逻辑种类完全决定了,而反过来它又刻画了这个种类的特征。

703. 显然:对象必定属于一个特定的逻辑种类,它如它事实上所是的那样复杂或者简单。

704. "这块表**坐**在桌子上"是没有意义的!

705. 只有一个命题的复合的部分才能够是真的或假的。

706. 一个名称将其整个复杂的所指联合成一个单元。[①]

[①] 这句话(以通常的拼写形式书写)出现在第二本笔记的最后一页(189 页)的左页。

MS 103

16.4.7

16.4.15

707. 我们只能预言我们自己所构造出来的东西!

708. 但是,在这种情况下,哪里还有简单对象的概念的位置?

709. 这里这个概念还根本没有进入我们的视野之中。

710. 因为我们必然能够赋予每一个符号以一个所指,所以我们必然能够构造出简单函项。

711. 因为函项和主目是唯一对其所指作出了保证的符号。

16.4.16

712. **每一个**简单命题都可以表述为这样的形式:ϕx。

713. 正因如此,人们可以从这个形式将所有的简单命题都编制出来。

714. 假定**所有的**简单命题都给予了我:这时立即会产生这样的问题:从它们我能构造出哪些命题呢? 这些是**所有命题**,**以这样的方式**它们的界限便被**划**出来了。

715.

$$(p):p=aRx. xRy. \cdots\cdots . zRb$$

$$(p):p=aRx。$$

$$F(\hat{x}(\varphi x)).=.\varphi=\psi\supset_\psi F\psi$$

$$\phi\equiv\psi.\supset_\psi.[F(\hat{x}(\psi x))=\psi\equiv x\supset_x Fx]=$$

$$=[F(\hat{x}(\psi x))=t\varepsilon\,\hat{z}(\phi z)\equiv_t x^t\supset_\chi Fx]①$$

16.4.17

716. 上面的定义就其一般性而言只能是一种书写符号规则，它与符号的意义没有任何关系。

但是，可以存在着一条这样的规则吗？

717. 只有在如下情况下这个定义才是可能的，即它本身不是任何命题。

这时，一个命题不能处理所有命题，但是一个定义却可以。

16.4.23

718. 但是，上面的定义根本没有处理所有命题，因为它本质上包含着真正的变项。它完全类似于这样一个运算，它自己的结果也可以被当作它的基础。

16.4.26

719. 以这样的方式，而且只有以这样的方式，从一个类型到

---

① 后三个公式由于意义不明，*Notebooks 1914-1916* 第一版（1961年）没有收录，在第二版（1979年）中以影印的形式收于附录 IV 之中。我们将其放回原处。

另一个类型的进展才是可能的。

720. 人们可以说,所有的类型都处于等级系统之中。

721. 而一个等级系统只有经由借助于运算而进行的构建才是可能的。

722. 经验实在的界限是由对象的数目所划定的。

这个界限又显示自身于简单命题的总和之中。

723. 诸等级系统独立于,而且必然独立于,实在。

它们的诸项的所指只有通过诸对象与诸名称的配合才得到确定。

16.4.27

724. 假定我要表现一个具有 3 个彼此不可互换的主目的函项。

$\phi(x):\phi( ), x$

725. 但是,在逻辑中我们应该谈论不可互换的主目吗?如果应该,那么这点当然预设了某种关于实在的性质的东西。

726. $\varphi x . \psi y = x\varphi\psi y = xRy$

$Fx . Fy . xRy = F(xRy)$

$F(xRy) = Fx . Fy . \varphi x . \psi y$

$\sim(\exists x) . \varphi x \quad \psi z \equiv_z \varphi z . \supset_\psi . \sim(\exists x) . \psi x$[①]

[①] 上面四个公式 *Notebooks 1914-1916* 第一版(1961 年)没有收录,在第二版(1979 年)中以影印的形式收于附录 IV 之中。

16.5.6

727. 近(现)代人的整个世界观都是建立在这样的幻觉基础之上的:所谓的自然律是对自然现象的解释。

728. 因此,正如前人在上帝和命运面前止步不前一样,他们在自然律面前就如同在某种**不可触犯的**东西面前一样止步不前了。

729. 事实上,他们都既是错误的,又是正确的。古代的人们承认有一个清楚的终点,就此而言他们的确更为明白,而在新的系统那里,似乎**一切**都是有根据的。

16.5.11

730. |p |(a, a)

恰恰也存在着具有两个基础的运算。"|"运算便是这样的。

$|(\xi, \eta)$……是运算结果序列中的任意一个项。

731. $(\exists x).\phi x$

$(\exists x)$等等真的是一种运算吗?

732. 但是,它的基础是什么?

16.5.21①

733. $(\exists x).(y).\varphi(x,y);(y).(\exists x).\varphi(x,y);(x).(\exists y).\varphi(x,y);(\exists y).(x)\varphi(x,y);(\exists x).(\exists y)\varphi(x,y);(x).(y)\varphi(x,y)$。

---

① *Notebooks 1914-1916* 第一版(1961年)没有收录此条笔记,在第二版(1979年)中以影印的形式收于附录 IV 之中。

16.5.24[1]

734. $F_0(x,y,z,\cdots\cdots)$

16.5.25

16.6.11

735. 关于上帝和人生的目标我知道些什么?

我知道:这个世界是存在的。

:我位于它之中,就如同我的眼睛位于它的视野中一样。

:关涉到它的某种东西,我们称作其意义的东西,是成问题的。

:这个意义并非位于它之内,而是位于它之外。

:那个生命就是世界。

:我的意志渗透于世界之中。

:我的意志是善的或恶的。

:因此,善和恶是以某种方式与世界的意义联系在一起的。

我们可以将人生的意义,即世界的意义,称作上帝。

将上帝比作父亲的比喻是与此密切相关的。

祈祷就是思考人生的意义。

我不能按照我的意志驾驭世界中的事情;相反,我是完完全全

---

[1] *Notebooks 1914-1916* 第一版(1961年)没有收录此条笔记,在第二版(1979年)中以影印的形式收于附录 IV 之中。

软弱无能的。

只有经由如下方式我才能使我独立于世界——因此在某种意义上说的确控制了它：我放弃对事情的任何影响。

16.7.5

736．世界是独立于我的意志的。

737．即使我们所愿望发生的所有事情都发生了，这当然也可以说只是命运的一种恩赐。因为可以为此提供保证的那种意志和世界之间的逻辑关联根本就不存在，而所假定的那种物理的关联当然又不是我们自己所能意欲的。

738．如果善的或恶的意欲影响到了世界，那么它只能影响到世界的界限，而不能影响到事实，只能影响到不能借助于语言加以描画而只能被显示在语言之中的东西。

739．简言之，这时世界必定由此而成为一个完全不同的世界。

740．可以说，它必定作为一个整体而增长或缩小。正如经由一个意义的添加或略去一样。

741．也如在死亡时世界并没有发生改变，而是终止了存在一样。

16.7.6

742．在这样的意义上，陀思妥耶夫斯基的如下说法当然也是正确的:实现了生存的目标的人是幸福的。①

743. 或者,人们也可以这样说:这样的人实现了生存的目标,他除了活着之外不再需要任何目标。因为这就意味着,他知足。

744. 人们在人生问题的消失之中看出了这个问题的解答。

745. 但是,人们可以这样地生活吗,以至于人生不再是成问题的?——以至于人们**生活**于永恒之中,而非时间之中?

16.7.7

746. 这点难道不就是如下情形的原因吗:一个长久以来一直对人生意义持怀疑态度的人,当他终于弄清楚了什么是人生意义之后,却不能说出这个意义是什么?

747. 如果我能够设想"某种对象",却不知道是否存在着这样的对象,那么我必然已经为我构造出了它们的初像。

748. 力学方法难道不正是以此为基础的吗?

16.7.8

749. 相信某个上帝就意味着理解了人生意义问题。

750. 相信某个上帝就意味着看到了并非一切事情都经由世界的事实而获得了最终的解决。

---

① 参见 F. M. Dostojewski, *Die Brüder Karamasoff*, dt. v. E. K. Rashin, München: Piper, 1906, 5. Buch, cap. 5, "Der Großinquisitor"。中文请参见:耿济之译:《卡拉马佐夫兄弟》(上),北京:人民文学出版社,1999 年,第二部第二卷第五节,"宗教大法官",第 380-381 页。

751. 相信上帝就意味着看到了人生是有一个意义的。

752. 对于我来说，世界是**已然存在的东西**。这也就是说，我的意志完全是从外部面对着世界的，如同面对着某种已经完成了东西。

753. （至于我的意志是什么，我还是不知道。）

754. 正因如此，我们有这样的感觉：我们依赖于一个外在的意志。

755. **无论事情是什么样的**，无论如何在某种意义上我们**是依赖性的**。我们可以将我们所依赖的东西称作上帝。

756. 在这种意义上，上帝直接就是命运，或者，换言之：独立于我们的意志的世界。

757. 我可以使我独立于命运。

758. 存在着两个上帝：世界和我的独立的我。

759. 我或者是幸福的，或者是不幸福的，这就是事情的全部。人们可以说：善或恶是不存在的。

760. 幸福的人不应怀有任何恐惧。甚至在面对着死亡时也是这样。

761. 只有不生活于时间之中而生活于现在之中的人才是幸福的。

762. 对于处于现在之中的生命而言没有死亡。

763. 死亡不是生命中的任何事件。它并不是世界中的任何事实。

764. 如果人们不将永恒理解为无穷的时间延续,而是将其理解为非时间性,那么人们便可以说:生活于现在之中的人就永恒地生活着。

765. 为了幸福地生活,我就必须与世界保持一致。而这肯定就是**所谓**"是幸福的"一语**的意义**。

766. 这时,我便可以说与那个外在的意志——看起来我是依赖于它的——取得了一致。这也就是说:"我履行了上帝的意志。"

767. 惧怕死亡是错误的——也即糟糕的——生活的最好的标志。

768. 如果我的良心使我心绪不宁,那么我便与某种东西发生了不一致。但是,这种东西是什么?它是**世界**吗?

769. 如下说法毫无疑问是正确的:良心就是上帝的声音。

770. 比如:我伤害了某人这件事萦绕于我的心际,这点使我不得幸福。这就是我的良心吗?

771. 人们可以这样说吗:"按照你的良心行事,无论它是什么样的"?

772. 幸福地生活吧!

16.7.9

773. 如果人们不能给出最为一般的命题形式,那么就必然会遇到这样的情形,在此我们突然具有了一种新的经验,可以说一种逻辑的经验。

这自然是不可能的。

774. 不要忘记,(∃x)fx 并非意味着:存在着一个 x,使得 fx,而是意味着:存在着一个真命题"fx"。

775. 命题 fa 谈论特定的对象,而一般命题谈论**所有**对象。

16.7.11

776. 特定的对象是一个很令人惊奇的现象。

777. 人们可以不说"所有对象",而说:所有**特定的对象**。

778. 如果所有特定的对象都给出来了,那么"所有对象"也便给出来了。

简言之,所有对象随着特定的对象一起被给出了。

779. 如果存在着一些对象,那么由此也就存在着"所有的对象"。

780. 正因如此,基本命题和诸一般命题之间的统一性也必是可以建立起来的。

781. 因为如果给出了某些基本命题,那么由此也就给出了**所有**基本命题,由此就给出了一般命题。——由此难道不是已经建立起这种统一性了吗?

16.7.12

16.7.13

782. 人们总是一再地感到,即使在基本命题之中也谈到了所有对象。

(∃x).ϕx.x=a

783. 如果给出了这样两种运算,它们不可还原为**一种**,那么至少它们的组合的一种一般形式必定是可以建立起来的。

784. ϕx, $\psi y|\chi z$, $(\exists x)$, (x)。

显然,在此如下之点是容易解释的:诸命题如何能够经由这些运算构造出来,诸命题如何不能经由它们构造出来,因此这点必然也能够**以某种方式**精确地表达出来。

16.7.14[1]

785. 这种表达必然也已经在某种运算符号的一般形式中被给出了。

786. 难道这种一般形式不必然是这个运算的应用的唯一合法的表达吗?显然必定是这样的!

787. 因为如果一个运算的形式究竟是可以表达的,那么它必须以这样的方式来表达,使得它只**能**被正确地应用。

788. 但是,$(\exists x).\varphi x$ 的正确的表达是什么?

$(\exists\alpha).[\varphi\alpha|\psi\beta\cdots\cdots]$

$|(f,y)\cdots\cdots=\varphi_0(x,y,\cdots\cdots)$

$(\exists x).\varphi_0(x,y,\cdots\cdots),(\exists y):(\exists x).\varphi_0(x,y,\cdots\cdots)$

$(\exists x):.(\exists\alpha):(\exists\alpha).\varphi_0(\alpha,\alpha,\alpha,\cdots\cdots)$,

$(\exists\alpha).\{\psi_0(\alpha\cdots\cdots)\}\cdots\cdots$

789. 现在仍然在表达 $(\exists x)$ 与 (x) 的交替出现情形。但是这

---

[1] 此条笔记中的§§788-790 在 *Notebooks 1914-1916* 第一版(1961年)中没有包括进去,在第二版(1979年)中以影印的形式收于附录 IV 之中。

时【如何获得】像在祖先关系中的那种形式的一般性!

790. aRx. xRy. yRz……uRb.

・xRy. {aRx}……

16.7.15①

791. ($\exists$(aRx. xRy. ……. zRb))

aRb $\vee$ aRx. xRb $\vee$ aRx. xRy. yRb $\vee$. ……. $\vee$ aRx. xRy. yRz. ……. uRb

在此如下事情是可以理解的:我们不能谈论物的存在,因为即使命题 aRb 便已经符合这个条件了。

792. 似乎没有比"a 是 b 的一个后继"之类的命题更为简单的东西了!

16.7.16②

793. xRy.　——ξ . $\xi R\eta$

xRy . yRz

xRy . yRz . zRu　　$\xi R\eta$(——$R\xi$)……

16.7.20

794. 我以前对所有命题形式所做的那种划分根本说来是对

---

① 此条笔记在 *Notebooks 1914-1916* 第一版(1961 年)中没有包括进去,在第二版(1979 年)中以影印的形式收于附录 IV 之中。

② 此条笔记在 *Notebooks 1914-1916* 第一版(1961 年)中没有包括进去,在第二版(1979 年)中以影印的形式收于附录 IV 之中。

的，只是需要另一种一般性。

795. 人们不能使自己轻而易举地享有幸福。

796. 生活在现在中的人们没有恐惧和希望地生活着。①

16.7.21

797. 真正说来，人类的意志具有什么样的特征？我将首先把"意志"称作是善和恶的承受者。

798. 我们设想有这样一个人，他不能使用他的任何肢体，因此在通常的意义上不能实现他的**意志**。但是，他能思维和**愿望**，并且能向他人传达他的思想。因此，他也能通过他人行善或行恶。这时，如下之点便显而易见了：即使对于他而言伦理学也是适用的，在**伦理学意义**上他是一种**意志**的承受者。

799. 那么，在这种意志和**那种**使人的身体运动起来的意志之间存在着一种原则的区别吗？

800. 或者，这里的错误在于：即使**愿望**（或思维）也已经是一种意志行动？（在这种意义上**不具有**意志的人根本不是有生命的。）

801. 但是，这样的存在物是可以设想的吗：它只能表象（比如看），而根本就不能意欲？在某种意义上，这看起来是不可能的。但是，如果这是可能的，那么也就可能存在着一个没有伦理学的

---

① §794 在 Notebooks 1914-1916 第一版（1961 年）中没有包括进去，在第二版（1979 年）中以影印的形式收于附录 IV 之中；§§795-796 在 Notebooks 1914-1916 第一和第二版中均被错放在 16.7.14 日的笔记中。

世界。

16.7.24

802. 世界和那个生命是一个东西。

803. 生理学的生命自然不是"那个生命"。甚至于心理学的生命也不是"那个生命"。那个生命就是世界。

804. 伦理学不处理世界。正如逻辑一样,伦理学必定是世界的一个条件。

805. 伦理学和美学是一个东西。

16.7.29

806. 因为愿望与其实现之间不具有任何逻辑关联,这是一个逻辑事实。幸福的人的世界是一个与不幸福的人的世界**不同的**世界,这点也是清楚的。

807. 看是一种活动吗?

808. 人们能够以善的方式意欲,以恶的方式意欲,并且不意欲吗?

809. 或者,只有**不意欲**的人才是幸福的?

810. "爱你的邻居",这当意味着意欲!

811. 但是,如下情况可能吗:人们怀有某种愿望,但是当这个愿望没有实现时他们并非感到不幸福?(这样的可能性的确总是存在的。)

812. 按照一般的理解，**不**对你的邻居存有**任何**愿望——既不愿望好事发生在他的头上，也不愿望坏事发生在他的头上，这是善的吗？

813. 在某种意义上说，不愿望似乎的确是唯一的善。

814. 在此我还是犯了严重的错误！这是毫无疑问的！

815. 人们通常假定，愿望不幸发生在其它人身上，这是恶的。这会是正确的吗？这会比愿望其它人幸福更坏吗？

在此可以说一切似乎都取决于人们**如何**愿望。

816. 人们似乎只能说：幸福地生活吧！

817. 由幸福所构成的世界是这样一个世界，它不同于由不幸福所构成的世界。

818. 由幸福所构成的世界是**一个幸福的世界**。

819. 因此，也会存在着这样一个世界吗：它既不是幸福的，又不是不幸福的？

16.7.30

820. 在建立一个具有"你应当……"形式的普遍的伦理学规律时人们首先会想到："如果我不这样做，会有什么后果？"

但是，显然，伦理学与惩罚和奖赏没有任何关系。因此，这个有关行动的后果的问题必然是不重要的。——至少这样的后果不应该是发生于世界中的事情。因为在这样的提问方式中的确必定含有正确的成分。尽管必然存在着某**种**伦理学的奖赏和伦理学的惩罚，但是它们必然是存在于行动本身之中的。

而且如下之点也是显而易见的：奖赏必是某种令人舒服的东西，而惩罚则必是某种令人不舒服的东西。

821. 我一再地返回到这样的想法：幸福的生活直接就是好的，不幸福的生活直接就是坏的。如果我**现在**问我自己：但是，我**为什么恰恰应该**幸福地生活呢？那么这个问题本身似乎自动地就成为一个同语反复的问题；幸福的生活似乎自动地为自身提供了根据，它**就是**唯一正当的生活。

822. 所有这一切真正说来在某种意义上都是深奥莫测的！**显然**，伦理学是不**可**言说的。

823. 不过，人们可以这样说：幸福的生活在某种意义上说似乎比不幸福的生活**更为和谐**。但是，在什么样的意义上？？

824. 幸福的、和谐的生活的客观标志是什么？在此，如下之点同样是显而易见的：不可能存在任何可以**描述**的这样的标志。

这个标志不可能是任何物理的标志，而只能是一种形而上的、一种超验的标志。

825. 伦理学是超验的。

16.8.1

826. 所有实际情况就是上帝。

827. 上帝就是所有实际情况。

828. 只是经由对于**我的生命的唯一性**的意识才产生了宗教——科学——和艺术。

16.8.2

829. 这种意识就是那个生命本身。

830. 假定除了我之外没有任何生物,这时还会有伦理学吗?

831. 如果伦理学果真是某种根本性的东西,那么回答便是:是的!

832. 如果我是正确的,那么对于伦理判断而言仅仅给定了一个世界是不够的。

833. 在这样的情况下世界本身既非善的也非恶的。

834. 因为对于伦理学的存在来说,无论在世界中是否存在着有生命的物质,这都必然是无所谓的。显然,只包含死的物质的世界就其本身而言既非善的也非恶的,因此生物的世界就其本身而言也可以是既非善的也非恶的。

835. 善和恶只是经由**主体**而出现的。主体不属于世界,而是世界的一个界限。

836. 人们可以(像叔本华那样)说:表象的世界既非善的也非恶的;相反,意志主体则是善的或恶的。

837. 我意识到,所有这些命题都是完全不清楚的。

838. 因此,按照前面所说,意志主体必是或者幸福的,或者不幸福的,幸福和不幸福不可能属于世界。

839. 正如主体不是世界的任何一个部分,而是它存在的一个前提一样,善的和恶的也是主体的谓词,而不是世界中的性质。

840. 在此,主体的本质被完全遮盖起来了。

841. 是的,我的工作已经从逻辑的基础扩展到了世界的本质。

16.8.4

842. 难道最终说来表象主体不是纯粹的迷信吗?

843. 可以在世界中的什么地方看到形而上主体?

844. 你说:这里的情况与眼睛和视野的情况是完全一样的。但是,实际上,你并**没有**看到眼睛。

我相信,从视野中的任何东西都不能推断出如下结论:它是被一个眼睛看到的。

16.8.5

845. 表象主体当然只是空洞的幻觉。但是,存在着意志主体。

846. 如果没有意志,那么也就没有这样的世界中心,我们将其称作我,它是伦理学的承受者。

847. 本质上说来只有我而非世界是善和恶的。

848. 我,我,是深奥莫测的东西!

16.8.7

849. 我不是任何一个对象。

16.8.11

850. 我客观地面对着每一个对象。但并没有面对着我。

851. 因此,的确存在着这样一种方式,按照它在哲学中人们能够而且必须**以一种非心理学的意义**来谈论我。

16.8.12

852. 我是经由如下事实而出现于哲学之中的:世界是**我的**世界。

853. 因为视野并没有比如这样一种形式①:

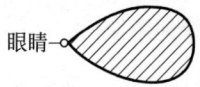

854. 这点是与如下事实联系在一起的:我们的经验中的任何部分都不是先天的。

855. 我们所看到的任何东西也都可以是其它样子的。
我们可以描述的任何东西也都可以是其它样子的。

16.8.13

856. 假定人们不能实现他们的意志,而是必须忍受现世的一切苦难。这时,究竟什么东西能够使他们获得幸福?

857. 人们当然不能避开现世的苦难。那么,他们究竟能够如何获得幸福?

---

① 此图出现在 MS 103:43r。*Notebooks 1914-1916* 中(第 80 页)相应示图是这样的:

858. 恰恰通过认识的人生。

859. 平静的心是认识的人生所提供的幸福。

860. 认识的人生是这样的人生，尽管面对着现世的苦难，它仍然是幸福的。

861. 只有能放弃世界中使生活舒适的东西的人生才是幸福的。

对于这样的人生来说，世界中使生活舒适的东西不过是命运的诸多恩赐而已。

16.8.16

862. 一个点不能同时既是红色的又是绿色的，这点初看起来必然不是任何一种**逻辑的**不可能性。但是，物理的表达方式就已经将其还原为一种动力学的不可能性。人们看到，在红色和绿色之间存在着一种结构上的差异。

物理学甚至于还将它们安排进一个序列之中。现在人们看到，在这里诸对象的真正的结构是如何被揭示出来的。

一个粒子同一时间不能处于两个位置，这点看起来更像是一种**逻辑的**不可能性。

如果我们问比如为什么如此，那么如下想法立即涌现出来：我们恰恰将出现于两个位置的粒子称作不同的粒子，这一切似乎又得自于空间和粒子的结构。

16.8.17

863. 运算是从一个形式-序列的一个项到接下来的一个项的过渡。

864. 运算和形式-序列是等价物。

16.8.29

865. 问题是:为了建立起所有可能的运算,是否通常的那些很小数目的基础运算就足够了。

866. 看起来必定是这样的。

867. 人们也可以问:借助于那些基础运算人们是否能够从任何一个表达式过渡到任何一个与之相关的表达式。

16.9.2

868. 在此人们看到,唯我论,当其被严格贯彻到底时,与纯粹的实在论叠合在一起了。

唯我论的我收缩成一个没有广延的点,所存留下来的东西是一个与他配合在一起的实在。

869. 历史与我何干? 我的世界是第一个也是唯一的世界!

870. 我将报道**我**所发现的世界的样子。

871. 世界中其它的人告诉我的关于世界的事情构成了我的世界-经验中的一个非常小并且微不足道的部分。

872. **我**不得不判断世界,衡量事物。

873. 哲学的我不是人,不是人的身体,或者具有心理学性质的人的心灵,而是形而上主体,是世界的界限(而非其一个部分)。但是,人的身体,特别是**我的**身体,是其它的世界部分——动物、植物、石头等等,等等——之中的一个世界部分。

874. 如果一个人认识到了这点,那么他也就不会想到要在世界中给予他的身体或人的身体以一个优越的地位。

他就会很天真地将人和动物看作类似的、同属一体的事物。

16.9.11

875. 语言的表示方式又映现自身于其使用之中。

876. 物理学的分析显示,这样的内在关系——物理学在其中展示颜色——显示,颜色不是任何性质。

877. 也将这点应用于声音之上。

16.9.12

878. 现在如下之点便清楚了:为什么我认为思维和言说是一回事。也即思维是一种语言。因为一个思想自然**也**是一个命题的逻辑图像,因此也同样是一种命题。

16.9.19

879. 人类总是在寻找这样一种科学,在其内如下原则成立:简单性是真理的标志。

880. 不可能存在一个有秩序的或一个没有秩序的世界,以至于人们可以说我们的世界是有秩序的。相反,在每一个可能世界之中都存在着一种秩序,即使这种秩序是复杂的。正如在空间中也不存在无秩序的和有秩序的点的分布一样;相反,每一种点的分布都是有秩序的。

(这个评论只是某个思想的材料。)

881. 艺术是一种表达。

882. 好的艺术品是完善的表达。

16.10.7

883. 艺术品是在永恒的形式之下察看的对象;美好的生活是在永恒的形式之下察看的世界。这就是艺术和伦理学之间的关联。

884. 通常的观察方式似乎是从诸对象中间观察它们的,在永恒的形式之下所做的观察则是从它们之外进行的。

885. 因此,它们是以整个世界为背景的。

886. 情况或许是这样的吗:在这种观察方式之中一个对象是**连同**空间和时间**一起**被观察的,而不是**在**空间和时间**之中**被观察的?

887. 每一个物都决定了整个的逻辑世界,可以说,整个的逻辑空间。

888. (我不由自主地产生了这样的想法):在永恒的形式之下察看的物就是被连同整个逻辑空间一起察看的物。

16.10.8

889. 作为诸物之中的物,每一个物都同样是不重要的,作为世界则每一个都是同等重要的。

890. 假定我在静观一个炉子,并且人们告诉我说:但是现在你只是在认识这个炉子。这时我的结果当然是微不足道的。因为在这样的表现中,我好像是在研究作为世界之中众多的物件中的一个的炉子。但是,当我在静观这个炉子时,**它**就是我的世界;与之相比,所有其它的东西都变得苍白了。①

891. 人们恰恰既可以将单纯的当下表象看作处于整个时间性世界之中的一幅不甚重要的瞬间图像,也可以将其看作处于阴影中的那个真实的世界。

16.10.9
892. 但是,现在终于可以澄清伦理学与世界之间的联系了。

16.10.12
893. 一块石头,一个动物的身体,一个人的身体,我的身体,都具有相同的地位。

894. 正因如此,所发生的事情,无论它们关涉到的是一块石头,还是我的身体,都既不是好的也不是坏的。

895. "时间是单向的"必定是胡话。

896. 单向性是时间的一个逻辑性质。

897. 因为如果人们问某一个人,他如何设想单向性,那么他便会说:假定一个事件能够重复自身,那么时间便不是单向的。

---

① 本条笔记上面的部分出现于 MS 103 第 56 页右页之上,在左页相对的边缘处有这样一句用通常的拼写形式纵向写下的话:"许多东西从整体上看是好的,但是个别来看则是坏的。" *Notebooks 1914-1916* 将这句话置于 §890 后。另外,在左页顶部、§890 相对的边缘处写还有这样的话:"忍受着痛苦"。*Notebooks 1914-1916* 没有收录这句话。

898. 但是,一个事件不能重复自身,这点包含在这个事件的逻辑本质之中,正如一个物体在同一时间不能处于两个位置一样。

899. 这是真的:人是微观宇宙。
我是我的世界。

16.10.15

900. 人们所不能思维的东西,人们也不能谈论。

901. 诸事物只是通过其与我的意志的关系才获得其"意义"的。

902. 因为"每一个事物都是它事实上所是的事物,而绝非其它的事物"。

903. 一种观点:正如我可以从我的貌相推断出有关我的精神(性格,意志)的结论一样,我也可以从每个物件的貌相推断出有关**它的**精神(意志)的结论。

904. 但是,我能从我的貌相**推断出**有关我的精神的结论吗?

905. 难道这种关系不是纯粹经验性的吗?

906. 我的身体果真表达了某种东西吗?
它本身就是某种东西的内在表达吗?

907. 例如,严肃的面孔就其本身而言就是严肃的吗?抑或:它之所以是严肃的,这仅仅是因为它与坏的情绪从经验上说是联系在一起的?

908. 但是,显然,因果联系根本就不是任何联系。

909. 按照心身【平行论】观点,我的性格只是表达在**我的**身体或我的大脑的结构之中,而并没有同样表达在整个其余世界的结构之中。这难道是真的吗?

关键之点就在于此。

910. 因此,这种平行之处实际上存在于我的精神,也即精神,与世界之间。

911. 要思考如下之点:蛇的精神,狮子的精神,就是**你的**精神。因为只是经由你你才知道精神的。

912. 在此,自然就产生了这样的问题:我为什么恰恰将这个精神给予了蛇?

913. 对此的答案只能存在于心身平行论之中:如果我看起来像蛇,并且做蛇所做的事情,那么我就是如此这般的。

914. 同样的话也适用于大象、苍蝇、马蜂。

915. 但是,在此我们不禁产生这样的疑问:是否即使在这里我的身体也和马蜂的身体、蛇的身体具有相同的地位(事实肯定如此),因此我既没有从马蜂的身体推断出有关我的身体的结论,也没有从我的身体推断出有关马蜂的身体的结论。

916. 这就是这样的谜——为什么人们总是相信整个世界共同具有**一个**精神——的解答吗?

917. 在这种情况下它自然也为没有生命的物件所共同具有。

918. 我所走过的路是这样的:唯心论将人作为唯一者从世界中挑选出来,而唯我论则只将我挑选出来,最后我看到,即使我也是属于其余的世界的。因此,在一边**没有任何东西**存留下来,在另一边所存留下来的东西是作为唯一者的**世界**。因此,唯心论,当其被严格思考之后,导致了实在论。

16.10.17

919. 在这种意义上,我也可以谈论一个为整个世界所共同具有的意志。

但是,从一种更高层面意义上说,这个意志就是**我的**意志。

920. 正如我的表象就是世界一样,我的意志就是世界-意志。

16.10.20

921. 显然,我的视觉空间就长度来说所具有的性质不同于其就宽度来说所具有的性质。

922. 事实并不是这样:在我看到某种东西的任何地方,我处处都直接注意到我自己;相反,我总是处于我的视觉空间之中的一个特定的点上。因此,我的视觉空间似乎具有某种形式。

923. 但是,尽管如此,我真的并没有看到主体。

924. 如下之点是真的:认识主体不在世界之内,不存在任何认识主体。

925. 无论如何,我可以想象如下事情:我完成了旨在举起我的手臂的意志行为,但是我的手臂却没有动起来。(比如,一个肌腱撕裂了。)但是,这时人们会说,肌腱当然运动了,这恰恰表明了我的意志行为指涉的是肌腱,而非手臂。但是,我们可以进一步假定即使肌腱也没有动起来，等等。于是，我们便达到了这样的结论：意志行为根本无关乎身体，因此在这个词的通常的意义上没有意志行为。

926. 艺术上的奇迹是：存在着世界。——存在着所存在的东西。

927. 艺术的观察方式的本质在于它以幸福的眼睛观察世界吗？

928. 生活是严肃的，而艺术是欢快的。①

16.10.21

929. 因为如下观点肯定是言之有物的：美似乎是艺术的目标。

美丽的东西恰恰就是带来幸福的东西。

16.10.29

930. 难道人们不能这样说吗：一般性并非与复合性并列，正如事实并非与物并列一样？

931. 两种运算符号必定或者可能在命题中并列出现。

16.11.4

932. 意志是对世界的一种态度吗？

---

① 引自 F. von Schiller, *Wallensteins Lager*, Prolog。

933. 意志似乎必须总是涉及一种心象。我们不能想象比如我们完成了一个意志行为,而并没有发觉我们已经完成了它。

934. 否则就会产生比如如下问题:它是否已经**完全地**完成了。

935. 如下之点可以说是显而易见的:相对于意志来说我们需要在世界中有一个立足点。

936. 意志是主体对世界的一种态度。

937. 主体是意志主体。

938. 那些使我确信发生了一个意志行为的感受具有这样一种独特的性质吗:它将这些感受与其它的心象区别开来?

939. 似乎并非如此!

940. 但是,在这样的情况下如下事情便是可以设想的了:我或许产生这样的想法,比如认为这把椅子直接遵从了我的意志。

941. 这可能吗?

942. 在镜子里画一个四边形图时,人们注意到,只有在完全不考虑视觉图像而只依赖于肌肉感觉的情况下,人们才能完成这个任务。因此,这里的确涉及两种完全不同的意志行为。其中的一种涉及世界的视觉部分,而另一种则涉及肌肉感觉部分。

943. 对于如下之点我们拥有比经验上的证据更多的证据吗:在这两种情形中所处理的都是同一个身体部分的运动?

944. 因此,情况是这样的吗:我只是用我的意志来伴随我的行动?

945. 但是，在这样的情况下我如何能够预言——在某种意义上我当然能够这样做——5 分钟后我将举起我的手臂？——我将意欲这点？

946. **显然**：意欲了，但却没有同时已经完成了意志行为，这是不可能的。

947. 意志行为并不是行动的原因，而是行动本身。

948. 人们不能行使了意志，但却无所行动。

949. 如果意志必须在世界中有一个目标，那么它也可以是那个预期的行动。

950. 而且意志必须有一个目标。

951. 否则我们根本就没有任何立足点了，我们也就不能知道我们所意欲的是什么东西。

952. 并且我们也就不能意欲不同的东西了。

953. 被意欲的身体的运动的发生方式和世界中任何没有被意欲的运动的发生方式难道不是一样的吗——只不过它是被一个意志伴随着？

954. 但是，它不只是被**愿望**伴随着！而且被意志伴随着。

955. 可以说，我们感觉到我们对这种运动负有责任。

956. 我的意志把捉着世界的某个地方，而又没有把捉着其它的地方。

957. 愿望不是做。但是，意欲却是做。

958.（我的愿望关涉到比如椅子的运动，我的意志则关涉到肌肉感觉。）

959. 我意欲一件事，这在于：我做这件事，而并不在于：我做了某种其它的事情，而后者引起这件事。

960. 当我移动某种东西时，我移动我自己。

961. 当我做一件事时，我有所行动。

962. 但是：我不能意欲一切。——

963. 但是，这种说法——"我不能意欲**这个**"——的意义是什么？

难道我能试图意欲什么东西吗？

964. 因为对意欲的考察似乎使得事情成为这样：世界的一个部分与我的关系比另一个部分与我的关系更为密切（这是不可忍受的）。

965. 但是，自然不可否认，在流行的意义上，我的确做某些事情，而不做其它的事情。

966. 因此，意志不是平等地面对着世界的。这必定是不可能的。

967. 愿望先于一个事件，意志伴随着它。

968. 假定一个过程伴随着我的愿望。我意欲这个过程了吗？

969. 与意志的强制性的伴随相比，难道这种伴随关系看起来不是偶然的？

16.11.6

970. 信念是一种经验吗？

思想是一种经验吗？

971. 全部的经验就是世界并且它不需要主体。

972. 意志行为不是任何一种经验。

16.11.19

973. 有关一个意志主体的假定有什么样的理由？

974. 对于个体化来说，难道**我的世界**不是也足够了吗？

16.11.21

975. 说一般的命题形式是可以建立起来的，这恰恰等于说：每一种可能的命题形式都必是**可以预言的**。

976. 而**这**也就意味着：我们永远不可能遇到这样一种命题形式，关于它我们可以说：这里的确存在着某种我们不能预言的东西。

因为这就意味着，我们具有了这样一种新的经验，只有它才使这种命题形式成为可能的。

977. 因此：一般的命题形式必然是可以建立起来的，因为可能的命题形式必然是先天的。因为可能的命题形式是先天的，所以存在着一般的命题形式。

978. 在此如下事情完全是不重要的：那些给定的基础运算——所有命题均应当经由它们而来——是否将诸命题带出了诸

逻辑阶,抑或它们仍然停留于这些阶之内。

979. 就一个命题而言,如果在将来的某个时候我们可以将其构造出来,那么我们现在也可以立即将其构造出来。

980. 我们现在需要澄清原子论的函项概念和"等等"(und so weiter)概念。

981. "等等"概念——其符号表示是"……"——是最重要的概念之一,并且像所有其它重要概念一样,具有无限的基础性意义。

982. 因为它自己便为我们的如下做法提供了根据:将逻辑和数学从基本规律和初始符号中"这样连续地"(so weiter)构建起来。

983. 如果人们说在给出初始符号后我们便可以将诸符号一个接一个地"这样连续地"发展出来,那么"等等"便立刻出现在旧逻辑的最开头处了。

984. 如果没有这个概念,那么我们便停留在初始符号那里,不能"**连续地**"进行下去了(könnten nicht"*weiter*")。

985. "等等"概念等价于运算概念。

986. 在一个运算符号后跟着"……",其意思是:这个运算的结果又可以被用作同一个运算的基础,"等等"。

16.11.22

987. 完全一般地说,运算概念是这样的概念,按照它我们可以根据一条规则将符号构造出来。

16.11.23

988. 运算的可能性的基础是什么？

989. 是结构相似性这个一般概念。

990. 就我所理解的——比如——基本命题来说，在它们之中必定存在着某种共同的东西；否则我根本不能将它们都作为一个集体称作"基本命题"。

991. 但是，在这样的情况下它们必须能够作为运算的结果彼此从对方中发展出来。

992. 因为如果某种东西真的为两个基本命题所共同具有，而它不为一个基本命题和一个复合命题所共同具有，那么这个共同之处必定可以通过某种方式得到一般的表达。

16.11.24

993. 如果我们知道了运算的一般特征，那么我们也弄清楚了一个**运算**总是由哪些基本的构成成分构成的。

994. 如果我们找到了运算的一般形式，那么我们也拥有了"等等"概念的出现的一般形式。

16.11.26

995. 所有运算都是由基础运算复合而成的。

16.11.27

16.11.28

996. 或者一个事实包含在另一个事实之中,或者它独立于它。

16.12.2

997. 如果我们不写 ϕa 而写 $(ax)\phi x$,那么一般性符号与主目之间的相似性便显现出来了。

998. 人们也可以这样来引入主目:它们只出现于同一性符号的一侧。因此,总是以类似于"$(\exists x).\phi x.x=a$"而非类似于"ϕa"的方式引入它们。

999. 哲学的正当方法真正说来是这样的:除可以言说的东西,即属于自然科学的东西——因而也就是与哲学没有任何关系的东西——之外,什么也不说;然后,无论何时,如果其它的人想说形而上的事项,那么你就向他指出他没有给予他的命题中的某些符号以任何所指。

1000. 另一个人也许不会满足于这样的方法(他不会有这样的感觉:我们在教他哲学),但是它是唯一正当的方法。

17.1.7

1001. 在存在着一个由诸命题构成的等级系统的意义上,自然也存在着一个诸真理的等级系统和一个诸否定的等级系统等等。

1002. 但是,在存在着最一般意义上的命题这样的意义上,只存在着一种真理,一种否定。

后一种意义可以依如下方式从前一种意义得到：命题被一般性地理解为这样的**一种**运算的结果，它从最低一级将所有命题生产出来，等等。

1003. 最低的那一级和那个运算便可以代表该整个等级系统。

17.1.8

1004. 显然，两个基本命题的逻辑积从来不可能是一个同语反复式。

1005. 如果两个命题的逻辑积是一个矛盾式，而且看起来这些命题都是基本命题，那么人们看到，在这种情形下这个表面现象实际上是骗人的。（例如：A 是红色的并且 A 是绿色的。）

17.1.10

1006. 如果自杀是允许的，那么一切都是允许的了。

1007. 如果有什么东西是不允许的，那么自杀就是不允许的。

1008. 这点澄清了伦理学的本质。因为自杀可以说是基本的罪孽。

1009. 在人们研究它时，这就像为了了解蒸汽的本质而去研究汞气一样。

1010. 抑或，自杀就其自身而言不也是这样的吗：既非善的也非恶的！

私人部分

MS 101

14.8.9

前天在入伍体检中被接受下来,被分配到克拉科夫(Krakau)的第二炮兵团。昨天上午从维也纳出发。今天上午到达克拉科夫。心情不错。将我的大笔记本交给特伦克勒(Trenkler)[①]保管。现在我能够工作了吗??紧张地期待着接下来的生活!维也纳军事当局难以置信地友善。每天数千人到那里咨询,工作人员总是给出友好的、详尽的解答。诸如此类的事情令人振奋不已。这令我想起英国的情形。

14.8.10

作为新兵穿上了军服。我的技术知识派上用场的希望不大。为了摆正我在这里的位置需要**非常**好的心情和哲学。今天当我醒来时,就如同是一场梦一样,我好像突然又令人不解地坐在了中学的教室里。就我的地位而言,这也不无滑稽。我是以几乎令人滑稽的微笑来做那些最为低贱的差事的。没有进行工作。这是性格的耐火试验,因为为了不丧失自己的好的心情+精力需要极大的力量。

[①] 此人为当时维特根斯坦一家在维也纳的办公室的业务总管。

14.8.11

睡得不好(有蚊子)。我打扫完屋子后,我们向一些老式迫击炮处前进,可是被告知在使用中。非常热。饭不可吃。以后可能会在兵营外睡觉。写信给大卫①。渴望收到他的信。通过这样的方式与我的过去的时光的联系的感觉才不至于丧失。没有工作。

14.8.13

前天在上尉处。不知所措+在他面前表现得不像个军人。他有点儿滑稽,我对他不太有好感。结果=0。今天人们发现,我通过了中学毕业考试。因此,一大群一年制志愿兵都叫我同事先生+并告诫我说,我当然应该要求得到我的志愿兵的权利。这令我感到很愉快(很振奋)。昨天和今天得了重感冒,常常不舒服。有时有点儿沮丧。今天在兵营遇见了一个少尉,他邀我到他那里吃午饭。他非常友好地问我以前是做什么的,表示非常惊讶人们没有让我做一年制的志愿兵+他非常友好,这令我感觉非常舒服。

14.8.15

发生了②许多事情。度日如年。昨天受命到韦克泽尔河(Weichsel)③中的一条船(从敌人那里抢来的)上维护探照灯。船

---

① David H. Pinsent,前期维特根斯坦最为亲密的朋友,生于1891年5月24日,1918年5月死于一次飞行事故。

② 自此以前的私人笔记部分是用通常的拼写方式写的,此后的部分是用密码写的。这里所谓密码并非通常意义上的密码,而只是按照相反的顺序使用字母表中的字母而已,即将z用作a,将a用作z,将b用作y,将y用作b,将c用作x,将x用作c等等。正如一些研究者所指出的那样,维特根斯坦之所以使用如此简单的密码写作其私人笔记,并非是有意为其身后的研究者设置障碍,而仅仅是为了防止他周围的人偷看。

③ 奥俄边境的一条河流。

上的船员是一群猪！没有任何志向，令人难以置信地粗俗、愚蠢、邪恶！因此，如下说法自然不成立：一项共同的伟大的事业**必然**使人变得高尚。由此，即便最令人讨厌的工作也变成了劳役。值得注意的是，人们是如何将他们的工作本身变成一种令人讨厌的痛苦之事的。就我们所处的所有外在环境来说，船上的工作本来可以为我们带来美妙而幸福的时光，但是事实恰恰相反！——大概不可能与这里的人互相理解（也许少尉除外，他似乎是一个十分好的人）。因此，谦卑地做工作，为了上帝的缘故不要丧失自我（自我）！！！！因为当一个人将自己让与他人时，他最容易丧失自我。

14.8.16

在"高普拉纳"（Goplana）号船上。重复一下：这些人无以复加地愚蠢、无耻、邪恶。所有工作都成了痛苦。不过，今天我又工作了，我不会屈服。今天给亲爱的大卫写了张明信片。愿上天保佑他并保持我与他的友谊！——韦克泽尔河上的夜景本身是非常美的，我的心情不错。

$aRb \cdot aRc \cdot bSc = aR[bSc]$ Def.。

$\xi T \eta$

14.8.17

一群流氓！只有军官们是好人，而且部分说来真的**很**文雅。不得不在光秃秃的地上睡觉，也没有盖的东西。现在在俄国境内。因为工作很累，我变得完全没有感性上的要求。今天还没有工作。

G. S.①甲板上非常冷,下面又挤满了人,他们说话,叫喊,散发着臭气,等等。

14.8.18

夜里1点钟突然被叫醒。中尉质问我,并让我立即去探照灯处。"不要穿衣服。"我几乎光着身子跑到指挥舰楼上。冰冷的空气,而且下着雨。我确信现在我会死掉。将探照灯弄好,回来穿上衣服。是假警报。**我极度**不安,大声地呻吟。我感受到了战争的恐惧。现在(晚上)我又克服了恐惧。我将竭尽全力保全我的生命,除非我改变了主意。

14.8.21

少尉和我无所不谈。——一个和蔼可亲的人。他能与最大的无赖友好地周旋而不丧失自己的尊严。当我们听一个中国人说话时,我们会将他的话看作不清楚的漱口声。但是,懂中国话的人却会从其中识认出一种**语言**。同样,我常常不能在一个人之中认出**人性**,等等。工作了一会儿,但是没有结果。

$$\varphi(x) \qquad (x).\varphi(x) \qquad \exists x.\varphi(x)$$
$$\varphi(p) \qquad \varphi((\xi),\psi\xi)②$$

我的工作现在是否永远没有希望了?!! 鬼才知道! 我是否不再能产生新的想法了? 我的工作的所有概念对我来说都变得完全"生疏"了。我**看不到**任何东西!!!

---

① 此缩写意义不明。
② 这两个公式依 *Nachlass* 补入。

14.8.22

三天前就搁浅了。工作常常被打断,迄今毫无收获。仍然没有获得任何确定的东西。一切都化为泡影了。加把劲做下去!!!①

14.8.25

昨天是可怕的一天。晚上,探照灯坏了。当我要去检修它时,其它船员通过大喊大叫、怪叫的方式来干扰我。当我欲仔细地检修它时,排长将其从我的手中夺走。我无法继续写下去。这多么恐怖。我看清楚了一点:全部船员中没有一个正直的家伙。但是,我以后应该如何与他们相处?我只应单纯地忍受吗?如果我不愿这样做呢?这时我就不得不生活于不断的斗争中。哪一种选择更好一些?在第二种情况下,我**肯定**会被搞得精疲力竭。在第一种情况下,**或许**不至于如此。我现在处于一个**极度**困难的时期,因为事实上我现在又像在林茨(Linz)中学②时期那样被出卖和告密了。只有一件事是必要的:能够静观发生在你头上的一切事情。**集中心思!** 愿上帝帮助我!

14.8.26

昨天我已经下决心**不做任何抵抗**,可以说对我的外部环境采取完全不在乎的态度,以便使我的内在的东西不受到干扰。

---

① 第一本战时笔记(MS 101)的哲学部分的第一条始自于此(另起段)。哲学部分始终是以通常的拼写方式写出的。
② 维特根斯坦于1903年至1906年在奥地利林茨的国家实科中学求学。

14.8.29

每天晚上我都在指挥舰楼上站岗,直到大约凌晨 3 点半钟。我还没有很好地贯彻我的完全被动性的打算。对我来说,战友们的无耻变得更加可怕了。但是,只是不要放弃自我。每天都写出点儿东西,但还没有取得像样的成果,尽管许多问题已经变得清楚了。

14.9.2

每天晚上都在探照灯处,只有昨天是例外。白天睡觉。这种值勤方式令我感到很舒服,因为这样我可以远离战友们的邪恶。昨天我们这里听说正在进行一场大的战役,已经持续了 5 天。但愿这已经是决战!昨天手淫,3 周以来第一次这样。几乎完全没有感性上的要求。以前我总是想象着是在与一个朋友交谈,但是现在几乎没有这样的事了。每天只工作极少时间。但是太疲乏,而且心不在焉。从昨天开始阅读托尔斯泰的《福音书简释》(*Erläuterungen zu den Evangelien*)[①]。一部极为美妙的著作。但是,对于我来说,它还不是我所期望的东西。[②]

14.9.3

昨天的工作并非完全没有成果。读托尔斯泰收获甚大。[③]

[①] 维特根斯坦所读版本当为:L. Tolstoi, *Kurze Darlegung des Evangelium*, Aus dem Russischen von Paul Lauterbach, Leipzig: Reclam, 1892。
[②] 第一本笔记的哲学部分的第二条始自于此(另起段)。
[③] 第一本战时笔记的哲学部分的第三条始自于此(另起段)。

14.9.4①

还行！——要有勇气！——工作了许多时间。

14.9.5

我已经走在通向伟大的发现的路上。但是，我是否会达到目标？！感性上的要求比以前强烈了。今天又手淫了。外面冰冷，还刮着狂风。我躺卧在铺着稻草的地上，在一个小木头箱子（价值2.50克朗）上写作和阅读。

14.9.6

和以前一样，被许多战友们折磨得很痛苦。我仍然没有找到一种令人满意的对付他们的行为方式。我还没有下定决心采取完全被动的方式。这或许是一种邪恶，因为相对于所有这些人来说我的确是软弱无力的。如果我进行反抗，那么我只不过是在**徒劳无益地**消耗我自己。

14.9.8

今天我们知道莱姆堡（Lemberg）被俄军占领了。现在我知道，我们完蛋了！最近4天夜里没有值勤，因为很亮。每天都工作许多，托尔斯泰的《福音书简释》已经读了许多。

---

① 此日以前的私人和哲学笔记均只出现在笔记本的右页，而由此日开始，私人部分只出现在笔记本的左页，哲学部分除两句话外（我们将在相应地方注明）均依旧只出现在笔记本的右页。

14.9.10

要做许多事。尽管如此,还是做了非常多的工作。没有确定的结果。不过,也并非处在确定的没有希望的心情之中。

14.9.12

从前方传来的消息变得越来越糟糕。今天晚上要处于高度戒备状态。每天或多或少地有所工作,充满了信心。我总是一再地在心中对自己说托尔斯泰的如下一段话:"一个人从肉体上说是**软弱无力的**,但是经由精神他成为**自由的**。"[①]但愿精神存在于我之中!下午少尉听到附近有枪炮声。我非常兴奋。有可能我们要进入战备状态。如果发生了射击,我应该如何做?我并不害怕被击中,只是害怕不能像样地完成我的义务。愿上帝给我以力量!阿门。阿门。阿门。

14.9.13

今天一大早我们就放弃了船和上面的所有东西。俄国人紧追不舍。经历了可怕的场面。30多个钟头没有睡觉。感觉到很虚弱。看不到任何外在的希望。假如现在我就要死了,但愿我好好地死去,想着我自己。但愿我永远不会丧失我自己。

14.9.15

前天晚上历经了令人恐惧的场面:几乎所有人都喝得酩酊大

---

① 引自 L. Tolstoi, *Kurze Darlegung des Evangelium*, Aus dem Russischen von Paul Lauterbach, Leipzig: Reclam, 1892, S. 31。

醉。昨天又回到"高普拉纳"号上。它现在行进在杜那耶克河（Dunajec）①上。昨天和前天都没有工作。做了努力，但毫无结果。对于我的大脑来说，所有东西都变得生疏了。俄国人就在我们身后！我们紧挨着敌人。心情不错。又工作了。现在在削土豆皮时我能进入最佳的工作状态。因此，总是毛遂自荐地做这件事。削土豆皮之于我就如同磨镜片之于斯宾诺莎一样。与少尉的关系变得比以前冷淡了。但是要有勇气！守护神不会放弃这样的人——！愿上帝保佑我！现在我终于有机会做一个正派的人了，因为我直接面对着死亡。愿精神照亮我！

14.9.16

晚上没有发生什么事。上午听到激烈的枪炮声。我们非常有可能不可避免地被打败。精神还在我之中。但是，它是否会在最困难的时候离开我？我希望不会！现在要集中精力并且勇敢些！（晚上9点）下了一场大暴雨。人从肉体上说是软弱无力的，**经由精神他成为自由的**。而且，只是经由精神。晚上没有工作。

14.9.17

这一夜又平安地度过了。值勤了。我们应该在韦克泽尔河上逆流而上，向克拉科夫行进。据说边界已经完全被哥萨克骑兵占领了。因此我们大概完蛋了。现在只有**一件事**是必要的！昨天少尉很早便离开了船，到今天中午还没有回来。没有人知道我们应该做什么，我们甚至都没有钱买饭菜了。但是，我始终心情不错，

---

① 韦克泽尔河一支流。

并有希望将这种状态保持下去。总是一再地思考如何能够使自己支撑下去。

14.9.18

非常不安宁的一夜。必须始终让探照灯亮着,不得不每时每刻都担心它出了问题。我们处在极其危险的位置。如果探照灯出了问题,并因之发生了什么事情,那么整个责任都会落在我的头上。还发生了一次假警报。我一动不动地站着,不得不听着排长如何在少尉面前说我的坏话——好像说我是胆小鬼。这令我十分不安。1-3点值勤。只睡了一小会儿。昨天没有工作。总是反抗邪恶是无限困难的事情。空着肚子,得不到足够的休息。在这样的情况下服侍精神是很困难的事情!但是,如果我不能这样做,那么我又应该怎么做?头头们粗鲁、愚蠢,战友们愚蠢、粗鲁(极少例外)。坐帆桨大战船去克拉科夫。白天平安地度过了,没有感到不愉快。工作了一些时间。

14.9.19

向克拉科夫行进。昨天晚上必须用探照灯照一条船。这样一直工作到11点钟。晚上非常冷。我们必须穿着靴子睡觉。睡得非常糟。4天来一直穿着衣服和鞋睡觉。但是,这不要紧。——我不得不害怕将要在克拉科夫发生在我头上的事情。我知道,我不应该为此担忧。但是,我感到非常疲劳,因而我害怕劳累。

14.9.20

再说一下:不抵抗人们的邪恶是无限困难的事情。因为邪恶每一次都给你留下伤口。——俄国人已经被赶到离边界很远的地方,因此到现在为止我们还没有受到打扰。

14.9.21

今天很早便到达克拉科夫。整个晚上都在反射器处值班。昨天工作了许多时间,但是并非**很有希望**,因为我还没有获得那个适当的**综览**。昨天与我们的排长谈了一小会儿,这使空气**稍微**清新了一些。今天心情不太好:对如此多的不安之事早已**生厌**!没有收到有关维也纳的任何信息!今天收到妈妈寄来的一张明信片(写于8月20号)。晚上我得到一个令人沮丧的消息:作为我们的指挥官的那个少尉要调走。这个消息令我极度消沉。尽管我不能给出准确的解释,这至少是导致我心情沮丧的一个重要原因。但是,从那时起我一直非常悲伤。尽管我经由精神而成为自由的,但是精神已经弃我而去!晚上还能**工作**一些时间。感觉好一些了。——

14.9.22

上午去兵营上尉处领钱。他说我应该将一年制的志愿兵标志缝在衣服上。买了许多东西,然后回到船上。那个标志在船上引起了很大的轰动。收到大量明信片和信,其中包括冯·费克尔和约勒斯的[①]。没有工作。——

[①] 路德维希·冯·费克尔(Ludwig von Ficker)是当时奥地利著名文学和文化批评杂志《熔炉》(*Der Brenner*)的主编,也是一家小出版公司的负责人。第一次大战爆发前夕,经由费克尔维特根斯坦将他从他父亲那里继承下来的遗产中的一部分捐赠给了当时奥地利的著名作家和艺术家,包括诗人里尔克(R. M. Rilke,1875-1926)、特拉克尔(G. Trakl,1887-1914)等。阿德莉·约勒斯(Adele Jolles)为维特根斯坦柏林技术高等学院时期的老师施坦尼斯劳斯·约勒斯(Stanislaus Jolles)的夫人。

14.9.23

工作了一些时间。

14.9.24

工作了相当多时间,但是非常没有希望。下午在城里。

14.9.25

工作了相当多时间,但是没有确实的把握:我还没有获得那个综览,因此问题似乎总是不能一目了然。

14.9.27

工作了相当多时间,但是没有适当的结果。过去几天又有点儿感性上的要求。昨天往家里拍电报,想知道家里的消息。

14.9.28

工作了一些时间。人们等待着对克拉科夫的围困。如果真是如此,那么我们将面对着更为困难的情形。愿精神赐予我以力量!

14.9.29

今天早晨一个下士被送到医院,他得了痢疾。现在这里有许多人得了这种病。当我想到我在这次战争中还必将经历到的所有事情时,我便产生一种独特的心情。做了工作,但是没有成果。我还是没有看清楚,还是没有获得任何综览。我看到了细节,但是并不知道如何将它们安排进整体之中。因此,我也感觉到,每一个新的问题都是一种负担。而清楚的综览必定表明,每一个问题都是

主要问题,而且对于主要问题的关注并非使人疲弱,而是使人强壮。晚上的工作并非没有成果。要有勇气!——

14.9.30

今天夜里开始感到(肚子和头)不舒服。愿你的意志实现。

14.10.1

昨天上午我不得不卧床,躺了一整天,因为感觉不舒服。工作了极多时间,但是没有成果。据说我们明天要离开这艘船。我对将要发生在我头上的事情十分好奇。——

14.10.2

工作了极多时间。并非完全没有成果。还是不清楚什么会发生在我的头上,我是留在船上还是离开,等等,等等。

14.10.3

今天做出了决定,原来待在船上的所有人除4个人外——我是其中之一——均撤走。对我来说这没有什么不愉快的。今天从家里收到一个箱子,里面有保暖内衣、茶叶、面包干和巧克力。因此好像是妈妈寄来的。但是还是**没有任何**消息!妈妈死了吗?正因如此人们没有告诉我任何消息?几乎没有工作。

14.10.4

昨天晚上还是工作了一些时间。今天收到妈妈上个月9号写的明信片,里面没有讲什么重要的事。我的工作前一段进展得很快,但是今天又陷于停顿了。工作了相当多时间,但是没有什么希望。据说明天我们又要退回到俄国。我不太喜欢我们的新指挥官(他是一个中尉),尽管我只是粗粗地看了他一眼。

14.10.5

今天收到凯恩斯①一封信,是经由挪威寄到我们团长这里的。他只是问我战后如何处理约翰逊②的钱。这封信刺痛了我,因为从以前的好朋友那里收到这样一封公务函是令人痛心的——尤其是在这样的时间。刚才收到妈妈的一张明信片(写于本月1号),说一切安好。原来如此!——近几天常常想起罗素。他是否还想着我?我们之间的相遇**的确**是令人惊奇的事情!在安康的时候人们不会想到肉体上的软弱;但是在困难时期人们却意识到这个事实。于是人们便求助于精神。——

14.10.6

昨天工作了相当多时间。人不应该依赖于偶然的情况。既不依赖于有利的偶然情况,也不依赖于不利的偶然情况。昨天新指挥官来到船上。——现在他们让照明班的人上了船。这些人在反射器处胡乱鼓捣了一通儿。不要担心!! 刚才接到命令,我们要向俄国行进。因此事情又变得严重了! 上帝保佑我。

---

① John Maynard Keynes(1883-1946),英国经济学家,维特根斯坦的朋友。
② W. E. Johnson(1858-1831),逻辑学家。通过凯恩斯的安排,维特根斯坦每年捐助约翰逊200英镑做研究基金之用,这笔钱由约翰逊所在的学院管理。

14.10.7

整个晚上都在向俄国行进。几乎没有睡觉。在探照灯处值勤。等等。据说我们很快就要进入战斗。精神与我同在。现在在韦斯劳卡(Wisloka)①河上。我觉得冰冷——从内心深处。我有这样一种愿望:在战事开始之前,如果我能够大睡一场该多好——!感觉好一些了。几乎没有工作。对如下之点我还是不太明白:因为我的义务是我的义务,所以我要去履行它,并保存我这个完整的人以便为精神的生命服务。我或许在一个钟头后死掉,或许在两个钟头后死掉,或许在一个月后死掉,或许在几年之后才死掉。对此我无从知晓。我既不能加速也不能延迟我的死亡:**这就是人生**。那么,我必须如何生活才能存在于每一个瞬间之中:生活于善和美之中,直至生命自行终止?②

14.10.8

继续向桑德米尔茨(Sandomierz)③挺进。夜里很安静。**我很累,睡得很好**。现在在塔诺布尔采克(Tarnobrzeg)④,1个半小时后向桑德米尔茨行进。当我感到累并且冷时,我便立即丧失了忍受生活现状的勇气。这很可惜。不过,我尽力不丧失它。——肉体上的安康的每一时刻均是一种恩赐。

---

① 韦克泽尔河一支流,在克拉科夫东北大约100公里处注入韦克泽尔河,一次大战结束前构成了奥地利的边界。

② 最后一句话中的"在每一个瞬间"一语德语原文为"in jedem Augenblick";但是维特根斯坦的书写不是很清楚,也可以视作"in jenem Augenblick",这样最后一句话的意思便成为:"那么,我必须如何生活才能存在于这样的瞬间之中,即生活于善和美之中,直至生命自行终止?"根据上下文,后一种解释似乎更为恰切。

③ 俄国边境城市,位于韦克泽尔河西岸。

④ 奥地利边境城市,位于韦克泽尔河东岸,桑德米尔茨以南约15公里处。

14.10.9

平静的一夜。远处炮声隆隆,连续不断。还停在塔诺布尔采克。显然在不远处进行着一场激烈的战斗,因为12个多钟头以来人们一直听到不间断的隆隆炮声。这批船员比原来那批好**多**了(他们很友善,很正直)。接到命令:所有人员都全副武装,到甲板上集合。上帝保佑我!——向桑德米尔茨行进。听到连续不断的强烈的炮声。我们看到榴弹在爆炸。我的心情很好。——全天都有激烈的炮声。工作了许多时间。我还需要给出至少**一个**根本性的思想。——

14.10.10

平静的一夜。清晨又听到炮声。现在应该继续向查维考斯特(Zawichost)①前进。停在那布泽斯泽(Nabzesze)。我就靠在指挥舱的舱壁上睡觉。听到排长与指挥官的谈话:我们要帮德军在韦克泽尔河上搭一座桥。他说,接下来将不会有炮声,而只有枪声。工作了许多时间。但是没有积极的结果。好像思想几乎已经来到我的嘴边。——!

14.10.11

平静的一夜。——**总是**像带着一个护身符一样随身带着托尔斯泰的《福音书简释》。我又偷听到我们的指挥官与另一条船上的指挥官的谈话:今天我们继续留在那布泽斯泽,明天才会向下行驶。刚才听到消息,说安特卫普(Antwerpen)陷落了!我们的军

---

① 俄国边境城市,位于韦克泽尔河西岸。

队在什么地方获得了胜利。我现在正在思考和写作。由此我享受着无以言表的恩惠。我必须对**外在**的生命的困难采取完全无所谓的态度。今天夜里我们要驶向查维考斯特,到那里运送部队和物资。我们必须径直驶向俄军阵地。上帝保佑我。

14.10.12

没有驶向查维考斯特。平静的一夜。又听到:一个中尉和一些少尉与我们的指挥官说话:他们还不确定地知道,他们要做什么,不过,我们也许要驶向查维考斯特。那个陌生的中尉非常好胜,一定要我们上前线。——现在在我之内这样两种时刻交替出现:其一是这样的,在其中我漠视外在的命运;其二是这样的,在其中我又渴望外在的自由和安宁,因为我已经厌倦这样的事情了:必须没有自己的意愿地执行任何一项命令。对**最近的**将来的事情**完全**没有把握! 简言之:存在着这样的时刻,在其中我不能**只是**生活于现在之中,不能与精神生活在一起。人们应该将生活中的美好的时刻看做恩惠,怀着感激的心情去享受它们。在其它的时候则采取较为漠然的态度。今天我与某种沮丧的情绪进行了长时间的斗争,在一段较长的时间后又手淫了,最后写下了上面那句话。刚才听到,今天晚上我们要做计划在昨天做的事情;人们还没有谈到要向克拉科夫行进! 那就等着今天晚上吧! ——

我们要用速射炮和机关枪进行射击。我听说,这并不是为了击中敌人,而只是为了制造噪声。我也获知,这会很危险的。如果我受命用探照灯进行照明,那么我**必死无疑**。不过,这无所谓。因为只有一件事是必要的! 一小时后我们就要出发。**愿上帝保佑我**!

14.10.13

11点半得到命令,我们不向或者至少现在不向查维考斯特行进。因此又是平静的一夜。刚才听到,我们的船**立即**向韦克泽尔河下游行驶。——我们正在行进。我是精神,所以我是自由的。我们停在劳比查(Lopiza),榴弹呼啸着飞过我们的头顶。我们又驶回那布泽斯泽,现在又按照最新命令驶向同一个地方。整个下午都有激烈的炮火。我昨天一直心情不错,陶醉于炮声之中。下午我们驶向桑德米尔茨,整个晚上都要停靠在那里。工作了许多时间。

14.10.14

平静的一夜。一直到晚上都停在桑德米尔茨,也许今天晚上也停在这里。但是并不很满意,因为又难于获得那种综览了。——

14.10.15

平静的一夜。现在大约一周半手淫一次。干了很少一点儿体力活,但是正因如此做了许多精神上的工作。9点睡觉,6点起床。几乎没有与现在的指挥官说过话。不过,他可能并不太坏。整天都待在桑德米尔茨,晚上可能也要待在这儿。工作了许多时间,并非没有希望。我几乎觉得我就站在答案前面。——

14.10.16

8点向斯木森(Smuzin)[①]行驶,去取火炮。

---

① 这里可能是指奥地利边界地区斯茨克祖辛(Szczucin),约位于克拉科夫和桑德米尔茨中间。

14.10.17

昨天工作了相当多时间。那个结收得越来越紧,但是我却没有找到解开它的办法。晚上我们停在巴拉诺夫(Baranow)①,6点钟继续向斯木森行驶。——那个打破僵局的思想是否会来到我的身边,它是否会来到??!!——昨天和今天手淫了。——晚上到达斯木森,我们要在这里待一晚上。做了**非常**多的工作。其中的一些结果受到了攻击。积累了**相当**多的材料,却不能给其以条理。不过,我认为材料的这种涌现是一个好兆头。你要记住,工作是一种**多么**大的恩赐呀!——

14.10.18

上午买东西。中午我们向塔诺布尔采克行驶。下午5点到达那里。工作了一些时间。傍晚一些军官到船上视察。我与其中之一交谈。我的志愿兵标志引起了他的注意。我们愉快地谈了一个钟头。他很友好,也不笨。他建议用"你"互相称呼,这令我很高兴。没有做多少工作。但是这没有什么!——整个晚上都待在塔诺布尔采克。

14.10.19

清晨向桑德米尔茨行进,现在我们就在这里。晚上又手淫了(一半是在梦中)。这是我极少、甚至几乎没有做任何运动的结果。下午又驶向塔诺布尔采克。从昨天开始我的消化便有点儿问题。——那个问题的答案就在我的嘴边!——傍晚又驶向桑德米

---

① 奥地利边境地区,位于韦克泽尔河东岸,塔诺布尔采克西南约15公里处。

尔茨。感觉不太好,没有适当的人生乐趣。——!工作了相当多时间。

14.10.20

不舒服。工作了相当多时间。下午感觉好一些。但还是不太快乐;想念大卫:当最低限度能够给他写信时。但是我的精神在我之内对抗着我的消沉情绪。上帝保佑我。——

14.10.21

据说我们又要驶向克拉科夫。这不会令我不快。——一整天都待在桑德米尔茨这里。工作了许多时间并且很有希望。晚上有点儿累。在这种情况下我便会消沉起来。但是要有勇气!——

14.10.22

附近的战斗在继续。昨天有激烈的炮声。工作了许多时间。整天都站着。——

14.10.23

现在(上午)向塔诺布尔采克行驶。工作**非常**勤奋,但还是没有结果。晚上又到了桑德米尔茨。做了非常多工作。很想念大卫。我是否还会见他一次?——!——

14.10.24

睡得不好(太少活动!)。我们的指挥官非常平庸、傲慢、不友好,他将所有人都看成他的仆人。下午驶向塔诺布尔采克,我们要在那里过夜。做了非常多的工作,尽管没有成果,但是还是非常有希望。我现在正**围攻**我的问题。——

14.10.25

清晨驶向桑德米尔茨。昨天晚上我们得到了一条巨大的新闻:巴黎被攻陷了。顺便说一下,刚听到这个消息时我也非常高兴,直到知道它是不可能的。这样的不可能的新闻总是不好的征兆。如果真的发生了对我们有利的事,那么人们会将**其**报道出来的,这时没人会想到这样的荒唐的事情。正因如此,我今天比以往更加强烈地感受到了我们——德意志种族——的处境是多么的悲惨!因为我觉得我们几乎肯定打不过英国。英国人——世界上最优秀的种族——不**可能**输掉!但是我们可能输掉,并且将会输掉,如果不是在今年,那么就在明年!我们的种族将被打败,这种想法令我非常沮丧,因为我是一个不折不扣的德意志人!突然被俄军的枪声[⋯]。

上帝保佑我!——只不过来了架俄军飞机。——工作了相当多时间。整个晚上待在塔诺布尔采克,明天清晨向斯图特辛(Stutzin)①行驶。将近中午我的消沉的情绪消失了。——

14.10.26

清晨驶向克素辛(Ksuzin)②。走了一整天。头痛,**疲乏**。尽管如此,还是工作了许多时间。

---

① 大概指前面提到的斯茨克祖辛。
② 大概还是指前面提到的斯茨克祖辛。

14.10.27

清晨继续向克素辛行驶。工作了相当多时间。今天晚上我要值勤。——

14.10.28

由于太疲乏,上午和下午几乎不能工作。晚上几乎没有睡觉。大部分船员都喝得酩酊大醉,因此值班时十分不舒服。清晨驶向桑德米尔茨。路上一只桨轮坏了。我们只能由另一条船拖到克拉科夫。现正驶向克拉科夫。今天收到了许多信件。其中包含着如下**令人悲伤的**消息:保尔①受了重伤,在俄国当了俘虏。——但愿他能得到很好的照顾。可怜而又可怜的妈妈!!! —— ——。

也收到了费克尔和约勒斯的消息。终于收到了一封来自挪威的信,在信中德莱格德②向我要 1000 克朗。但是我是否能给他寄去呢?现在,挪威已经与我们的敌人结盟了!!!③ 此外,这也是一个非常可悲的事实。我总是不得不一再地想到保尔。他突然**失去了他的职业**!多么可怕。为了度过这道难关,得需要一种什么样的哲学啊!但愿无需自杀就可以做到这点!! ——无法工作太多。但是工作起来还是比较自信的。——**但愿你的意志**实现。——

---

① Paul Wittgenstein(1887-1961),维特根斯坦最小的哥哥,钢琴家,1914 年在俄国前线失去右手。
② Halvard Drägde,维特根斯坦战前待过的挪威村庄的村民。他向维特根斯坦索要的是为后者建山中小屋的钱。
③ 事实并非如维特根特所说,挪威在一战时是中立的。

14.10.29

在去往克拉科夫的路上。现在停下来了,因为我们的拖船必须返回桑德米尔茨。我们得等到其返回为止。上午头痛,疲乏。非常想保尔。工作了许多时间。仍旧在围攻我的问题,已经攻占了许多堡垒。现在看得非常清楚,而且非常冷静,在状态最好的时候也不过如此。如果这次我能够在这样好的时刻结束之前解决所有根本的问题该有多好!!

14.10.30

今天得到一份德文报纸。没有任何好消息,这就意味着全是坏消息!在这样的想法干扰之下**很难**进行工作!!尽管如此,下午还是工作了。在这里没有可以与之说些什么的人,因此我常常感到很沉重。但是,我将不顾**所有**这些强力而存活下去。

MS 102

14.10.30

刚才(晚上)收到一些可爱的邮件:一张来自于弗雷格的非常可爱的明信片,一张来自于特拉克和费克尔,还有来自于妈妈、克拉拉①、克林根伯格②的。这令我非常高兴。

工作了非常多时间。——

14.10.31

今天清晨又驶向克拉科夫。工作了一整天。在绝望中对那个问题进行了冲锋!但是,我宁愿在**堡垒**前面流血,而非一无所获地撤走。把守住已经攻占的堡垒直到能够踏踏实实地在那里住下来,这是最困难的事情。在这座**城市**陷落之前,人们**不**可能长久地安坐于这些堡垒之一之中。——

今天晚上我值勤,但是因为工作非常紧张,可惜已经**非常**疲乏了。我的工作还是没有成果!加把劲做下去!——今天晚上停在斯茨克祖辛。

---

① Clara Wittgenstein(1850-1935),维特根斯坦的姑姑。
② Klingenberg,维特根斯坦战前待过的挪威村庄的村民。

14.11.1

上午继续向克拉科夫行驶。今天晚上值勤时工作了。今天也工作了相当多时间,但还是没有结果。不过,不要丧失勇气,因为我始终想着**那个首要问题**。——特拉克躺在克拉科夫的守卫部队的医院里,他邀请我到他那里看看。我非常想认识他。当我到达克拉科夫时有望见到他!对于我来说这也许是一种极大的激励。——

14.11.2

清晨继续向克拉科夫行驶。又变得较为感性。傍晚又陷在沙滩里。刺骨的冷。人们拥有一个自我,总是可以到那里避难。这真的是很幸运的事。工作了许多时间。工作的恩惠!!

14.11.3

清晨继续向克拉科夫行驶。听说俄军又向前推进了,现在停在距奥帕考维茨(Opakowiz)20 公里处。我们距离那里还有 10 公里。——在向克拉科夫行进时,现在我会碰到什么事情?!? 几乎工作了一整天。——!也许今天晚上出发。听到隆隆的炮声,看见了闪电。——!——

14.11.4

平静的一夜。一大早继续行进。工作了许多时间。明天我们可以到达克拉科夫。听说我们会被围困在那里。如果这样,我将需要许多力量来保住精神。——

不要依赖于外部世界,这时你就无需害怕发生在它之中的事情。今天晚上值勤。依赖于事物比依赖于人容易。但是,人们也必须能够做到这点!——

14.11.5

清晨继续向克拉科夫行驶。今天深夜我们可以到达那里。我是否会见到特拉克?焦急地等待着这件事发生。我非常希望见到他。我非常想找到一个能够与之进行某种程度的畅谈的人。【当然,】如果没有这样一个人事情也得进行下去。不过,这样的事会令我坚强起来。一整天都有些疲乏,变得沮丧。没有工作很多时间。到了克拉科夫。今天太晚了,不能拜访特拉克。——愿上帝给予我力量。——

14.11.6

清晨到城里的守备部队医院。在那里得到消息,说特拉克几天前死了。① 我因此很受打击。多么悲哀,多么悲哀!!! 我立即就此写信给费克尔。买了些东西,6点回到船上。没有工作。可怜的特拉克。——愿你的意志实现。——

14.11.7

昨天晚上9点突然接到命令,让我到另一条船上用探照灯照明。因此,从床上爬起来,一直干到凌晨3点半。因此感觉很累。下午到城里买东西。克拉科夫肯定会被围困。我要努力离开这条船。没有工作。我渴望找到一个正直的人,因为在这里我被不正

---

① 特拉克1914年11月3号死于克拉科夫守备部队医院,此前曾企图自杀。

直包围着。但愿上帝不会离弃我,始终存在于我之中。——

14.11.8

不太有工作的心情。读了许多东西。今天夜里值勤。几乎没有工作。对我的将来有点儿担心。——

14.11.9

刚才偷听到我们的指挥官与另一个军官的谈话:多么卑鄙的声音。人世的整个险恶在尖叫,而且因为他们的缘故克拉科夫也在尖叫。触目所及皆是卑鄙。在视线所及的范围内**没有一个有感情的心灵**!!!——

收到保尔[①]叔叔的一张非常可爱的明信片。这样一封信本应令我精神焕发,并使我坚强起来。但是近来总是**容易沮丧**。对任何东西都没有真正的兴趣。我生活在对未来的恐惧之中!因为我内心不再平静了。发生在我的周围的每一种不正派的行为——总是有这样的行为发生——都使我内心深处受到伤害。旧的伤害还未及痊愈,新的伤害又接踵而至!即使在不感到沮丧的时候——比如今天晚上,我事实上也感受不到真正的自由。对工作我只是偶尔有兴趣。而且,这种兴趣总是转瞬即逝。因为我无法获得一种舒服的感觉。我感觉到我依赖于世界,因此即使在没有什么不好的事情发生在我的头上的时候我也惧怕它。我自己看到,那个我,那个我自己可以依靠的我,就像一座离我而去的渴望中的遥远的岛屿一样。——俄国人快速地向克拉科夫推进。所有市民都必

---

① Paul Wittgenstein(1842-1928)。

须弃城而逃。在我看来我们的事业非常糟糕地就此完结了！**愿上帝帮助我！！！** 工作了一点儿时间。

14.11.10

又工作了许多时间。心情好了许多。今天获知，我可以经由瑞士向英国写信。明天我就给大卫写信，或许也给罗素写信。或者也许今天就写。——我希望，现在又能够较好地工作了！——！！！

14.11.11

收到来自于费克尔的令人愉快的信。工作了相当多时间。我们已经可以听到从要塞传来的炮声！寄了一封信给大卫。我是多么经常地想念他啊！他是否以相当于我想他的时间之一半的时间想我呢？(?) 今天心情好一些。

14.11.12

千万不要丧失自我！！！集中心思！不要仅仅为了消耗时间而工作，而要虔诚地工作，为了活着而工作！要善待所有人！——据说将被围困 6-7 个月。所有商店都关了，只开一小会儿。形势越紧张，军士们就越粗野。因为他们感到他们现在可以不受任何惩罚地发泄他们的全部卑鄙了。因为现在军官们已经失去头脑，他们好意地不再进行任何限制了。现在人们所听到的每一句话都是粗野之语。因为正直已经不再能得到任何报偿了，而且人们也放弃了他们仅有的一点儿正直。这一切都令人非常悲伤。下午到了城里。工作了许多时间，**但是看得不是很清楚！** 我是否还能继续工作？(!) 是否帷幕已经落下？？这是值得注意的，因为我已经深入于一个问题之中,被围困了。——。——!

14.11.13

整个上午我都在设法进行工作,但是我的努力是徒劳的。那种清楚的看不愿按时出现。思考了许多有关我的人生的问题。这也是为什么我无法进行工作的一个原因。或者情况相反?现在我相信,我还没有足够地将自己与船上的其它人隔绝起来。我无法与他们交往,因为我缺少为此而必需的那种卑鄙。但是,完全令人不可理解的是,我却难于将自己与他们彻底隔绝起来。这并不是因为他们中的某个人对我有任何吸引力。但是,与人进行友好地交谈的习惯是那么强烈!今天晚上值勤。现在每天晚上都进咖啡馆喝两杯咖啡。那里体面的环境令我感到很舒服。**很少工作!**——!愿上帝给我以理性和力量!!!——。

14.11.14

夜里在值勤室几乎所有时间都在思考有关我的人生的处方的问题,以使其还可以忍受下去。处于彻底的沮丧状态。这也就是说,我缺乏任何最低限度上的人生乐趣。我所听到的每一句话都令我痛苦。这完全没有任何理由!!——今天晚上值勤时也工作了一会儿。——我还是应该将如下事情看作一种恩惠:能够安静地坐在我的小屋里,因此有机会集中精神。——工作了极少时间。一整天都很疲劳。现在经常如此,令人遗憾!!下午这种强烈的沮丧情绪消失了。但是我太疲倦了,无法工作下去。晚上如往常一样起来值勤。——!

14.11.15

今天读了埃默生①的《随笔集》(*Essays*)。或许它会对我产生好的影响。工作了相当多时间。——

14.11.16

冬天到了。——昨天我收到费克尔寄来的一张友好的明信片。然后听说船上的人要离开这里,因为冬天将不用这条船。什么样的事情会发生在我的身上?? 我们听到了从要塞传来的猛烈的炮声。没有工作许多时间。晚上在城里。又没有了那种看的清晰性,尽管非常明显我就站在那些深刻问题的那个答案的前面,以至于我的鼻子都碰到了它!!!现在我的精神相对于此而言恰恰瞎了!我感到,我就**站在这个答案的门边**,但是对它看得不是足够清楚,因此不能将其打开。这是一种非常值得注意的状态,我从来没有像现在这样清楚地感觉到它。——

14.11.17

不与人生气是**多么难啊**!忍受是**多么难啊**!上午尽了最大的努力,仍未能进行工作。每当在做事的过程中与人们发生接触时,他们的卑鄙都令我毛骨悚然。每当这时,便有这样的危险:愤怒在我之内取得胜利,并爆发出来。虽然我**总是一再地**准备忍受下去,但是我又**总是**一再地无法这样做。我自己真的不知道事情为什么会这样。与人一起做事,但又**不**与他们发生**任何**关系,这是非常困

---

① Ralph Waldo Emerson(1803-1882),美国先验主义哲学的代表,信仰精神的力量。

难的事情。你总是一再地不得不与他们说话,向他们提问题;他们不给你回答,没有给你满意的回答。——仅仅接受这点就已经是非常耗费精力的事情了。——但是,你需要回答;比如你收到了一个不很清楚的命令,等等,等等,等等。我的神经本来就已经受到了伤害。因为如果你还没有弄清楚如何轻松地度过人生,那么人生将是很困难的。下午一种沉重的沮丧情绪向我袭来,像一块石头一样压在我的胸口上。所有不得不做的事都成了负担。傍晚我的不舒服的感觉减弱了。勇气又回到了我的灵魂之中。几乎没有工作。白天心情不好,现在经常如此。只有晚上才有足够的内在的宁静。这是否与如下事实有关?——在晚上我高兴地盼望着睡觉?——,是的,今天的沮丧心情的确非常可怕!!!——

14.11.18

从要塞里传来隆隆的炮声。据说,过几天我们又要走了。我们的指挥官走了,少尉又要代行他的职责。这令我高兴。人们听到机关枪枪声。一整天都听到从要塞那边传来的炮声。——工作了相当多时间。心情不错。我计划调走,但是还没有考虑清楚。我的工作停顿了,为了继续**前进**,我又需要一个重大的想法。

14.11.19

下雪了。像现在经常发生的那样,早上心情又觉压抑。整个上午为船工作。下午会有一个将军来访。因此,现在人们就已经变得骚动不安。傍晚工作了一些时间。克拉科夫周围又发生了激烈的战斗。——

14.11.20

猛烈的炮声。——工作了一会儿。今天晚上值勤。下午到眼科医生处,因为眼睛不舒服,值勤时很难受。会得到一副眼镜。我的未来还是十分不确定。明天我或许会和我们的指挥官谈一下将会发生在我身上的事情。

14.11.21

持续不断的炮声。极冷。从要塞传来不间断的炮声:工作了相当多时间。但是,我还是不能说出**那一句摆脱僵局的话**。我围绕着它转圈子,就在它边上,但是仍然不能把握住它!!对我的未来总是有点儿担心,因为我并非完全是一个明智的人!——!

14.11.22

冷得要命。冰块在韦克泽尔河上漂浮。持续不断的炮声。没有任何适当的想法,很累了,因而工作了很小一会儿。没有说出那句打破僵局的话。昨天它曾经一度全部来到我的嘴边。但是,然后它又滑回去了。——心情还可以。我马上就睡觉了。——

14.11.23

持续不断的隆隆炮声。——刚才听说来了一封电报:"停止运水。"因此,必须立即就我们接下来的工作做出决定。——现在白天是在阅读中度过的,工作了一些时间,当然这都是坐在我的小室中做的。每4到5天值一次勤。有时削土豆皮,有时运煤,等等。除值勤外,我没有任何**固定的**工作(探照灯自1个半月前就几乎不再使用了)。因此,我感觉我是这些人当中的懒虫,即便是在我的许多空闲时间内我也不很平静,因为我感到,我应该为船而工作,但是却不知道做什么。对于我来说,最好的安排是有这样一份常规的工作,我可以很轻松地且很有把握地完成它。因为做一份自己不能胜任的工作是最令人生气的事情。今天我要和我们的指挥官谈一下我最终调离的事情。做了这件事,应该有希望调离这里。工作了相当多时间,但是还是没有结果。晚上洗澡了。——

14.11.24

极冷！韦克泽尔河被浮冰完全盖住了。今天驶入港口。如果我现在已经离开这里了该多好。这里有一股持续不断的骚动,谁也不知道应该做什么。军士们越来越粗野,一个人传染另一个人,鼓励后者变得更为无耻。当然也有例外。今天晚上值勤。工作了**许多时间**。那种缺席的认识总是一再地来到我的嘴边。这是好事。费克尔今天将可怜的特拉克的诗寄给我。我认为它们很完美,但是不好理解。它们令我感到很舒服。上帝保佑我！——

14.11.25

自从昨天下午一直待在港口。船上的厕所上了锁！人们必须跑很远,到一个半敞开的茅坑解手。天很冷。生活方式变得愈来愈难以忍受。没有工作很长时间。但愿离开这里！——

14.11.26

当人们觉得在某个问题上陷于停顿的时候,他们就应当不再思考它,否则他们就会被束缚在它上面。相反,人们必须在他们能够非常舒适地待下去的地方开始思考。一定不要硬来！艰难的问题必须在我们面前自行解开。猛烈的炮声。无论我做了什么,问题都如雷雨云一样聚集在一起。我不能对它们采取一种持续地令人满意的立场。工作了许多时间,但是不能以任何方式澄清局面。相反,无论我在什么地方进行思考,我处处都遇到我不能回答的问题。今天我觉得我的创造力似乎已经完结。整个对象似乎又移向了远方。当然:我的 3-4 个月已经结束。可惜没有获得真正伟大的结果!但是我们等着瞧吧!——

现在听说我们要搬进冬营地。如果是这样,那么或许不得不与所有人睡在一起。愿上帝防止这样的事发生!!——

无论如何不想失去镇静!愿上帝保佑我!——!——!

14.11.27

今天值勤。——。

14.11.28

昨天工作了非常多的时间。从昨天中午到今天中午和 7 个人一起待在哨所值勤。今天感到非常不快乐。设法调走。我被这些粗野的、卑鄙的人所包围。甚至任何危险都不能使他们有所节制。我坚信,我**必**将在这样的环境中痛苦地死去,除非在我身上发生了这样的奇迹,它给予了我比我现在所具有的力量和智慧多得多的力量和智慧!是的,如果我要活下去的话,就必须有某种**奇迹**发生在我的身上!对我的未来充满了恐惧。工作了极少时间。奇迹!奇迹。——

14.11.29

工作了非常多时间。——

14.11.30

早上到部队司令部。就我的问题与我们的司令谈话。如果我要调整岗位,那么我就必须回到干部科。如果我们迁往冬营地,那么他会设法给我搞到一个单人间宿舍。但是,据说接下来又要用探照灯了,因此我当然要留在这里。——现在是晚上。当我从城里回来时,这里非常喧闹,因为一条船要从这里出发。不过,据说探照灯要跟着这条船走。这令我非常不舒服。因此,我们的计划时时被打乱,我必须拥有一个不同的支撑点——**当然**是为了能够活下去。今天下午在干部科,与一个中士讨论我是否可以调到气球营。他说,我应该与该营中一个叫维尔采克(Vlcek)的中士谈一下。我希望可以做这件事。——没有工作很多时间,但是并非没有这方面的刺激。又有点儿感性上的要求了。只为自己的精神而活着,将一切全部交付给上帝!——。

14.12.1

噢,已经是12月了!还谈不上和平。今天晚上有猛烈的炮声,人们听到炮弹呼啸而过。昨天晚上一条船沿着韦克泽尔河驶下来,船员们每天都要轮着值勤。比如,明天就轮到**我们**了!我的情况会如何?!与这等战友和头头们在一起!——下午去维尔采克中士那里,没有见到他。人们让我去炮兵指挥部找他。也许后天值勤之后去那里。只工作了很少时间。无论发生什么事情,上帝会保佑我!——

14.12.2

今天中午我们去值勤。谢天谢地,我们的指挥官一起去了,因此至少还有**一**个正直的人在那里。晚上从要塞那里传来可怕的隆隆声。现在 8 点钟炮声又开始了。今天晚上我们不得不露天睡觉。我大概不会工作了。千万不要忘记上帝。——

14.12.3

一点儿也没有工作,但是经历了许多事情。不过,现在太累了,不能将其记下来。

14.12.4

前天值勤时没有发生任何特别的事情,只是在跑着时跌倒了,以至于今天还必须一瘸一拐地走路。猛烈的炮声从四面八方传来——还有枪声、火焰等等。昨天,因为我的事到要塞司令部。一个中士听说我是学数学的,便说我应该到他那里(一个工厂)去。他看上去人**很**好。我表示愿意去,今天离开这条船。我充满了希望。

附近(非常近的地方)有炮声。下午到城里。极少工作。整个白天都有点儿累。因为昨晚没怎么睡觉。要早点儿上床!——

14.12.5

明天或者后天我要离开这里。还没有确定我住在哪里。无论如何我要依赖于这些事情。没有工作许多时间,当然没有陷入僵局。**非常想念亲爱的**大卫!愿上帝保佑他!和我!——

14.12.6

夜里大炮在非常近的地方开火了,以至于船都被震动了。工作了许多时间,有所收获。还不知道我什么时候离开这条船。明天这条船又有警戒哨,如果我明天还没有被调走,那么我必须跟着去。这令我不快,因为我的腿还没有从上次的摔伤中痊愈。下雨了,这里的土路走起来非常糟糕。愿上帝保佑我!——

14.12.7

我的腿的情况更糟糕了。可能不会跟着去值勤了。调走的事还没有接到命令。附近有猛烈的炮声。——刚才得到消息,我明天离开这里。因为没有去值勤我的脚能够走路了。没有工作很多时间。与我们的指挥官谈了话,他人很好。累了。一切均掌握在上帝手中。——。

14.12.8

上午因为脚伤在"小病探访所":肌肉扭伤。没有工作很多时间。买了《尼采全集》第 8 卷[①],阅读了它。他对基督教的敌视态度深深地触动了我。因为他的著作还是包含着一些真理的。毫无疑问,基督教信仰是通向幸福的唯一**可靠的**路径。但是,如果一个人鄙弃这种幸福,情况又会怎么样?!这样做难道不可能更好吗:在与外部世界的毫无希望的斗争中不幸地走向毁灭?但是,这样的一种人生是没有意义的。不过,为什么不能过一种无意义的生

---

① *Nietzsches Werke*(Leipzig, 1904),含 *Götzendämmerung*(《偶像的黄昏》), *Umwertung aller Werte*(《重估一切价值》), *Der Antichrist*(《反基督教者》)等。

活？它不体面吗？它如何与严格的唯我论的立场调和起来？但是，为了不丧失我的生命，我必须如何做？我必须总是想着它——总是想着精神。——。

14.12.9

上午到部队司令部领我的饭票。没有工作。经历了许多事情，但是太累了，不能将其记下来。——。

14.12.10

昨天下午在我的新领导的办公室。不得不等他好长时间。最后他终于来了，并立即分配给了我一项任务。我得为这里一个兵营中的一箱子电锯编一个清单。他还邀请我晚上 8 点到他的住处。他向一个上尉讲起过我，后者要在那里见我。当我到达他那里时，我发现和他在一起的有 4 个军官，我们一起吃了晚饭。这个上尉是一个具有无限同情心的人（其它人也很和蔼）。我们一直谈到 10 点半才真诚地分手。——今天早上找到了房子。从 10 点到晚上 5 点在办公室。然后将我的东西从船上搬到这里的新居：是一间非常整洁而又不小的房间。4 个月以来第一次单独住在一个真正的房间里！！我享受着这份奢侈。没有工作。但是这种状态会成为过去的。非常累，因为我来回跑得太多了。又可以在床上睡觉了，这是多么大的恩惠啊！这是多么大的事实的恩惠啊！——。——。

14.12.11

上午在办公室写作。没有工作。全天都在办公室。中尉不同寻常地可爱。没有工作。

14.12.12

工作了一些时间。整个白天都在办公室。但是没有做太多事情。希望明天做更多工作。洗澡了。——

14.12.13

整个白天都在办公室。**我的思想瘸了**。我腿上肌肉疼,好像我的大脑也**瘸了**。还是工作了一些时间。仍然没有收到大卫的回信！他是否收到了我的信？他是否以比我更为个人性的观点看待这次战争?！——愿精神万岁！它是可靠的港口,受到了保护,远离由所发生的事情构成的荒凉、无限、灰色的海洋。——

14.12.14

整个白天待在办公室。没有工作。但是这种局面将再一次成为过去！收到约勒斯的可爱的邮件。——。

14.12.15

整个白天待在办公室。工作了一些时间。但是,我的思想有如在火车上或者船上一样,在那里人们也同样思想迟钝。

14.12.16

整个白天都在办公室。听说我们可能立即迁往罗兹(Lodz)。工作了一些时间,但是没有真正的兴趣。

14.12.17

G.T.K.。① 没有工作。非常生气。——。几乎没有空闲时间。——。

14.12.18

和往常一样。没有工作。

14.12.19

工作了一些时间。——。

14.12.20

工作了一些时间。直到近5点一直在办公室,然后到城里。如果一个人心情好时意识到他是孤独的,那么他就会有一股寒气直透背脊的感觉。我现在就具有这样一种舒适的感觉。

14.12.21

收到大卫的信了!! 我亲吻了它。立即回了信。工作了一些时间。——。

14.12.22

没有工作。直到6点一直在办公室。——。工作了非常少时间。晚上洗澡。——。

---

① 可能是"Ganzen Tag Kanzlei"(整个白天都在办公室)的缩写。

14.12.24

今天被提升为军队办事员——没有星。为此我很高兴。——。没有工作。——。

14.12.25

在军官餐厅吃中午饭。工作了一些时间。

14.12.26

几乎没有工作。又认识了一个年轻人,他是莱姆堡高等学校的学生,现在在这里当司机。晚上与他一起在咖啡馆,过得很好。——。

14.12.27

直到下午9点半一直在办公室。没有工作。被任命为古斯(Gürth)中尉的副官。——

14.12.28

直到下午10点一直待在办公室。没有工作。**有非常多事情要做**。——。

14.12.29

工作了很少一点儿时间。像往常一样,有许多事情要做。晚上洗澡。

14.12.30

没有工作。千万不要丢失自我。——。

15.1.2

前天下午我突然知道,我要与我的指挥官一起立即去维也纳。昨天早上我们到达维也纳这里。这令妈妈等人非常吃惊,令他们很高兴。这也是可以理解的。昨天没有工作,全天与家人在一起。今天上午买了些东西。现在是中午,等着古斯吃中午饭。要和他一起办些公务。我只想记下如下事情:现在我的道德状况比复活节时更为低沉了。

15.1.3

昨天下午与古斯一起在克劳斯特纽伯格(Klosterneuburg)。然后和妈妈一起待在家里。

15.1.6

维也纳。明天返回。大前天和前天在拉保①家。昨天和古斯在维也纳新城,回来时在茅得令(Mödling)停了一下。与一个叫作罗斯(Roth)的上尉一起吃饭,我对他没有任何好感。因此饭后我独自立刻乘火车去维也纳。

15.1.10

今天晚上较晚的时候到达克拉科夫。累了。与古斯在一起的

---

① Josef Labor(1842-1924),盲人管风琴师,作曲家,维特根斯坦一家的朋友。

几个小时很愉快。对我将来的生活很好奇。——。

15.1.11

收到弗雷格的明信片！工作了一些时间。

15.1.12

工作了一些时间。——。

15.1.13

工作了一些时间。工作起来还是没有很大兴趣。我的思想乏力。在我的视野中，事物并不是新鲜的；相反，它们每一天都没有生机。事情好像这样：一个火苗熄灭了，我必须等着它再次自行开始燃烧起来。但是我的精神是活跃的。我想……——。

15.1.14

工作了一些时间。还不好。经常想念大卫，渴望收到他的一封信。

15.1.15

工作了一些时间；有了很大的兴趣。晚上洗了个澡。

15.1.16

工作了更多时间，很有兴趣。为分遣队做了非常少的事情，这令我很舒服。还是没有收到大卫的任何信息。在最近几周有了更多的感性上的要求。

15.1.17

又工作了。——

15.1.18

几乎没有工作。感觉彻底无精打采,没有任何兴趣。但是事情会有改变的。——。

15.1.19

工作了非常少时间。从这方面说来完全死了。千万不要强制自己做任何事情!!! 我什么时候会得到大卫的消息呢?!! ——

15.1.20

没有做任何工作。但是,这份清静有如消除疲劳的睡眠一样。

15.1.21

工作了一些时间。寄了一封信给大卫。将其直接给了这里邮政总局的检查官,他是一个很好的人。

15.1.22

做了工作。

15.1.23

工作了一些时间。现在因为我没有说明的位置而陷入困境。要拥有你自己! ——。

15.1.24

做了些工作。——。

15.1.25

收到凯恩斯的信!不太可爱。过去几天过得非常感性。——做了一些毫无成效的工作。至于我的工作将如何进行下去,对此我一无所知。**只有**借助于奇迹它才能够获得成功。——只有通过这样的方式:那个遮盖物**从外面**从我的眼睛上取下。我必须**完完全全地**听命于命运。无论它是如何蒙在我的眼睛上的,事情都会是这样。我生活在命运的手心之中(只是不要变得渺小)。因此,我不会变得渺小。

15.1.26

收到一张阿内①寄来的可爱的明信片。工作了一些时间,但是没有成效。

15.1.27

没有工作。与许多军官在咖啡馆。大多数人的行为像猪一样。甚至我也喝得比平时多一点儿。

15.1.28

没有工作,这对于我——即对于工作——来说是有益处的。过得非常感性,这很奇怪,因为我现在活动并不少。睡得不好。

---

① Arne Bolstad,维特根斯坦战前待过的挪威山村中的村民。

15.1.29

几乎没有工作。

15.1.30

没有工作。不能不对我的外在的状况非常生气,可能立即会在这个事情上采取决定性的步骤。——。

15.1.31

没有工作。

15.2.1

没有工作。中午在肖尔兹(Scholz)上尉的军官餐厅用餐,那里很舒适。——。

15.2.2

工作了一些时间。——。

15.2.3

没有工作。没有任何想法。现在要接管照看我们的锻造车间的任务。这个事会如何发生?但愿精神支持我!现在事情变得非常困难了。但是:要有勇气!——。——。

15.2.5

没有工作。现在许多时间待在锻造车间。——。

15.2.6

收到大卫的可爱的信(1月14日寄的)。

15.2.7

没有工作。——。——。

15.2.8

收到费克尔寄来的特拉克的遗作。可能非常好。——。有感性上的要求。现在几乎没有进行我的工作的机会。——。

15.2.9

没有工作。——。

15.2.10

没有工作。收到费克尔的可爱的信。还有里尔克的献词。但愿能够再工作！！！其余的一切都会得到解决的。究竟等到什么时候我才会再有新的想法呢？？！所有这一切都掌握在上帝的手心中。要寄予愿望，要有希望！这样你便不会浪费时间。——。

15.2.11

没有工作。——与一个军官——军校学生亚当(Adam)——关系紧张。我们之间可能会发生一场决斗。正因如此要更好地生活，并且按照你的良心生活：愿精神与我同在！在现在和任何将来的时间！——！

15.2.13

没有工作。愿精神与我同在。——。

15.2.15

昨天工作了一些时间。现在,没有一天是这样度过的,在其中我竟然没有思考逻辑——即便仅仅是短暂地思考它。这是一个好迹象。我预知了可能的一切!——昨天晚上在肖尔兹上尉那里,那里有音乐(一直到12点)。非常舒服。

15.2.17

昨天和今天工作了一些时间。现在我在分遣队中的处境完全不能令人满意。必须采取行动了。——我不得不经常生气、生病、消耗我的内在的精力。又过得非常感性了,几乎每天都手淫:不能再这样进行下去了。—— —— —— —— —— —— ——
——

15.2.18

几乎没有工作。就我的处境思考了许多。我对我的将来的方方面面都好奇。——

15.2.19

在工厂遇到了新的不愉快的事情。与我的指挥官谈了很长时间,但是没有获得适当的结果。几乎没有工作。这些不愉快的事情干扰了我的思想。这种局面必须有所改变。——。——。

15.2.20

胆小的思想，惊恐的动摇，谨小慎微的退缩，妇女式的抱怨，这些并不能改变痛苦，**不能使你自由！**没有工作。想了许多。——。

15.2.21

没有工作，心情转好。有感性上的要求。但愿我能够再次工作！！！ ——！ ——。

15.2.22

没有工作。今天晚上做了非常多生动而不坏的梦。和战友之间发生了许多不愉快的事情。生气，激动；自怨自艾，等等，等等。——。——。

15.2.23

没有工作。我的困难还没有得到处理。——。

15.2.26

没有工作！我还会再度进行工作吗?!? 心情沮丧。还没有大卫的信。完全被抛弃了。想到自杀。我终究还会进行工作吗??!

15.2.27

没有工作。心情沮丧。非常感性。感到孤独。我的工作的目标似乎从来没有像现在这样被推向了无法测度的遥远的地方！没有了那种满怀胜利信心的、充满希望的心情。似乎再也不能作出一个伟大的发现了。很久没有像现在这样被所有善良的精神所抛弃了。千万不要丧失你自己!!——。——。

15.2.28/15.3.1

没有工作。没有大卫的消息！变换不定的心情。

15.3.2/15.3.3

没有工作。昨天晚上有一个巨大的闪光。没有大卫的消息！——晚上在肖尔兹处，很舒服。其它时间一般说来心情沮丧。

15.3.4

没有工作。无精打采，但是看到我的情况极度困难。到现在我还十分不清楚如何克服这些困难。——

15.3.5

今天与古斯谈起我的有失体面的状况。还没有做出决定。或许我会作为一名步兵上前线。——。——。

15.3.6

——。——。我的情况还是不确定，我的心情强烈地变换不定。——。

15.3.7

——。情况未见改善。不舒服。还未看清如何作出一种适当的改变。现在强烈的寒流又来了！多么不合时宜！感觉不舒服。可以说精神上很疲劳，很疲劳。如何对付这一切??我将被令人作呕的环境消耗得一干二净。整个外部生命连同其全部的卑鄙一齐向我袭来。我内心里充满了仇恨,无法容纳精神。上帝是爱。——我有如一个燃尽了的炉子,充满了炉渣和废物。—— —— —— ——。

15.3.8

情况未定。没有改变!消沉。——。—— —— ——。

15.3.9

情况未定!——。——。密切注意心情,但是很坏。—— ——

15.3.10

非常感性。不果断、不安定的精神。—— —— ——。

15.3.11

没有工作。情况未见改变。全是不舒服的感觉。——。——。

15.3.12

没有工作。想了许多。情况还是没有定下来。——。——。

15.3.13

情况依旧。完全不合乎逻辑。——。

15.3.14

情况没有改变!——。没有工作。消沉。感觉胸口上有东西压着。——。——。

15.3.15

遇到一个有名的一年制志愿兵,与他谈论我的事情,明天将接着与他谈。因此,现在我已经弥补上了我的分数。还是没有工作。我终究将会再次工作吗??!! —— —— —— —— —— 。

15.3.16

—— —— —— —— —— —— —— —— —— —— 。

15.3.18

昨天收到大卫的**可爱的**信!——搬进工厂了。给大卫回信。**非常**感性。

15.3.19

今天与古斯讨论我的将来。没有获得令人高兴的结果。非常感性。——。

15.3.21

想去皇家狙击手团,因为费克尔也在那里。感觉不太好。没有工作。持续的不舒服。—— —— —— ——

15.3.22

不舒服。傍晚好一些。

15.3.23

非常感性。

15.3.24

——。没有工作！我还会再度进行工作吗??!!! ——。

15.3.27

—— —— —— —— —— —— —— ——。
—— —— —— —— —— —— ——。

15.3.29

心烦！被卑鄙包围着！我多么疲乏啊！—— ——。——
—— —— ——

15.3.31

变换不定的心情。

15.4.4
15.4.5

变换不定的心情。

15.4.15

我不再产生任何新想法了!(古斯从这里调走了。)我不能再想到任何新东西了。当然事情也决不能取决于此。

15.4.16

非常感性。每天都手淫。很长时间没有大卫的消息了。我在工作。——。

15.4.17

我在工作。

15.4.18

着凉了,很严重!

15.4.22

现在应该负责检查全部车间的工作。许多新的烦恼。

15.4.24

我在工作。

15.4.26

在工作。在其它方面我的活动非常不令人满意。

15.4.27

在工作。现在我必须在工厂里浪费我的时间!!!——

15.4.28

又在工作!——

15.4.29

在工作。在其它方面我感觉很糟糕。千万不要受卑鄙的人的影响。

15.4.30

收到大卫的可爱的信!

15.5.1

工作的恩惠!——

15.5.5

15.5.7

还没有被任命!总是一再地因为我的不明朗的位置而招致麻烦。如果这种情况再长久地持续下去,我就要努力离开这里。

15.5.8

15.5.10

非常骚动!几近痛哭!!!! 感到像被打碎了一样,有如生了一场大病!被卑鄙所包围。

15.5.11

没有工作。

15.5.22

收到罗素的可爱的信!

15.5.24

今天认识了上了年纪的逻辑学家第兹维兹基①,罗素在给我的信中提到了他。一个非常好的老头。

15.5.25

15.6.8

由于我的提升之事而遇到了新的困难。可能会离开这里。被我的周围人的卑鄙折磨得**非常**烦恼,他们**无耻之极地**利用我。

15.6.22

工作了**非常**多时间! 尽管周围的人**令人作呕**!

---

① M. H. Dziewicki,来自于克拉科夫的逻辑学家,与罗素有联系。

MS 103

[…]所有成批地派出的侦察员都要亲自到营部司令员那里报到。

[…]

[…]不得不自杀。忍受着**巨大的痛苦**。但是生命的图景对我的吸引力太大了,我又想活下去了。只有当我真的想毒死我自己时,我才这样做。①

16.3.29

被迫做许多不熟悉的事情。需要很大的力量才能忍受下去。常常处于怀疑的边缘。已经有一周多没有工作了。**我没有时间!** 上帝啊!但是,这的确是显而易见的,因为如果我死了,我也没有时间工作。现在在视察。我的灵魂收缩在了一起。愿上帝照亮我!愿上帝照亮我!愿上帝照亮我的灵魂。②

16.3.30

尽最大努力去做!你不可能做更多的事情:并且保持快乐的心情。要满足于其它人。因为他人不会支持你,或者最多支持你

---

① 此条笔记没有注明日期。
② 此条笔记最后部分用通常的拼写形式书写。

一小会儿。(然后你便令他们厌烦了。)帮助你自己,并全力帮助他人。同时保持快乐的心情!但是,我需要留多少力量给自己,留多少力量给他人?好好地生活是**困难的事情!!** 但是好的生活是美丽的。不过,不是我的意志,而是你的意志终将实现!

16.4.2

生病了。今天还很虚弱。我的指挥官今天对我说,他要让人将我送到后方。如果事情如此发生,那么我就将自杀。

16.4.6

生命是一个

16.4.7

人们只能暂时地解除他们所受的痛苦,而这种解除只是为了准备着接受进一步的痛苦。忍受着各种各样可怕的痛苦。令人精疲力竭的行军,咳嗽了一个晚上,一群醉醺醺的人,一群卑鄙的、愚蠢的人。做善事,并为你的美德而感到高兴。生病了。糟糕的生活。愿上帝帮助我。我是一个可怜的、不幸的人。但愿上帝听到了我的声音,赐我以平静! 阿门。

16.4.10

吃力地活着。还是没有被照亮。今天照了一下镜子,我的面颊**完全**陷下去了! 我也长时间未能再工作了。

16.4.13

总是在黑暗中摇晃、摔倒。还没有苏醒过来。

16.4.15

8天后我们将进入火炮阵地。请允许我在一项困难的任务中拿我的生命去冒险!

16.4.16

自从3月22日起一直**完全**没有感性的需求。过去两天休息。

16.4.18

明天或者后天去火炮阵地。因此,要有**勇气**!上帝会帮助我的。

16.4.20

愿上帝使我变好一些!这样,我也会变得快乐一些。今天或许就会到火炮阵地。愿上帝帮助我。

16.4.23

几天前就到了新阵地。整个白天都在干重体力活,无法思想。愿上帝帮助我。我必须忍受许许多多事情。今天申请到观察哨那里。半排的人都恨我,因为没有人理解我。因为我并不是圣徒!恳求上帝帮助我!

16.4.26

炮兵连的军官看起来很喜欢我。这省却了我许多烦恼。谢谢上帝。愿你的意志实现！走你自己的路！愿你的意志实现！

16.4.27

战友们几乎毫无例外地恨我，因为我是一年制志愿兵。因此，现在我几乎总是被恨我的人包围着。这是唯一我还不能心甘情愿地接受的事情。但是，这里都是邪恶的、残酷的人。我几乎不可能在他们身上找到人性的痕迹。恳求上帝帮助我活下去。今天我预感晚上会有警报。果真今天晚上进入战斗准备。愿上帝帮助我！阿门。

16.4.28

晚上很安静。给罗素写信。今天晚上做了一个糟糕的梦。愿上帝保佑我。

16.4.29

下午在侦察员那里。遭到枪击。思考上帝。愿你的意志实现！愿上帝保佑我。

16.4.30

今天在火力袭击中又到侦察员那里去：一个人只需要上帝就可以了。

16.5.2

不得不持续地抗拒人们的卑鄙。

16.5.3

过得很艰难！愿上帝保佑我,帮助我。阿门。但愿我能免除这个巨大的苦难。但是愿**你的**意志实现。工作在我的大脑中睡觉。

16.5.4

或许明天我会被派到侦察员那里,这是我自己申请的。那时对于我来说战争才刚刚开始。而且人生——或许——也刚刚开始！或许死亡的临近给我带来了生命之光。愿上帝照亮我。我是一条虫子,但是通过上帝我成为人。愿上帝帮助我。阿门。

16.5.5

在侦察哨所里值勤。感觉像王子一样被关在着了魔法的宫殿中。现在白天一切平安。但是晚上这里必定会变得**令人恐怖**了！我是否能够坚持住????今天晚上就会有结果。上帝帮助我！！

16.5.6

始终有生命危险。因为上帝的恩赐平安地度过了一夜。时常感到气馁。这是错误的生命观的学校！要理解人！每当你想恨他们的时候,你要转而努力去理解他们。愿生活于内在的平静之中！但是你如何获得这样的平静？**只有**经由这样的方式:按照上帝的意志去生活！**只有**通过这样的方式生命才是可以承受的。

16.5.7

晚上安静地过去了。谢谢上帝。只有我是受苦之人。

16.5.8

平静的一夜。愿上帝保佑我！我周围的人与其说是卑鄙，不如说是具有**异乎寻常的**局限性。这使得我几乎不可能与他们进行交往。因为他们总是误解人。这些人并不愚蠢，而是具有局限性。他们在他们的圈子里是足够聪明的。但是，他们没有品性，因此不能膨胀。"具有正确的信念的心理解一切。"现在无法工作。

16.5.9

现在本来有丰富的时间和安静进行工作。但是我的大脑却动不起来。我的材料离我远去了。只有死亡才给予生命以其意义。

16.5.10

因为上帝的恩赐现在感觉非常好。可惜的是我无法工作。但是愿你的意志实现！阿门。但愿在危险中它不会抛弃我！！——。

16.5.11

后天要换阵地。**非常**不舒服！但是愿你的意志实现。

16.5.16

在第三号阵地。如往常一样很累。但是也享受到了极大的恩赐。如往常一样虚弱！不能工作。今天在步兵的射击声中入睡。可能会死掉。愿上帝保佑我！永远的阿门。我是一个软弱无力的人，但是它使我坚持到今天。永远赞美上帝，阿门。我将我的灵魂献给主。

16.5.21

愿上帝将我做成更好的人!

16.5.25

遭到了枪击。这是上帝的意志!

16.5.27

收到麦宁(Mining)①和妈妈的信。据说今天或明天俄军将发起进攻。这是上帝的意志。我掉进了罪孽的深渊之中。但是上帝会宽恕我。

16.5.28

最近几周睡觉不安稳。我总是梦到值勤。这些梦总是使我处于惊醒的边缘。在最近两个月只手淫 3 次。我周围的人事与愿违地令我厌恶。我常常觉得他们不像人,而是像一群野孩子。一群卑鄙的恶棍。我**不恨他们**,但是他们令我感到厌恶。今天紧急待命。我的指挥官对我很和蔼。思考人生目标。这仍然是你所能做的最好的事情。我应该更幸福一些。噢,但愿我的精神更坚强一些!!! 愿上帝保佑我! 阿门。

16.5.29

愿上帝保佑我。

---

① 维特根斯坦的大姐 Hermine Wittgenstein(1874-1950)。

16.7.6

上个月非常累。对所有可能的东西进行了许多思考,但是令人奇怪的是,不能建立起与我关于数学的思考的联系。

16.7.7

但是,这种联系终将被建立起来!不可言说的东西**不可言说**!

16.7.8

可惜,可惜!我没有时间工作!

16.7.9

不要对人们生气。他们是一群空虚的无赖。你当然不应该对他们生气。不要让他们的话进入你的内心。当他们不与你说话时,保持平静还是容易的。但是,当他们对你变得无耻和粗野时,你就会怒火中烧。不要生气。生气对你没有任何好处。

16.7.14

工作的恩惠。

16.7.16

可怕的天气。在山上。完全得不到足够的保护。冰冷刺骨。下着雨。雾气腾腾。痛苦的人生。不丧失自我是非常困难的。因为我当然是一个软弱的人。但是精神帮助我。最好生病了。这样我至少可以休息一下。

16.7.19

还总是生气。我是一个软弱的人。

16.7.20

只需不断地工作,由此你将变得好起来。

16.7.24

遭到枪击。一听到射击我的灵魂便抽搐在一起。我多么希望继续活下去!

16.7.26

收到了大卫令人激动的信。他写道,他的弟弟在法国牺牲了。多么可怕!这封可爱的信让我看清了,我在这里是如何生活在**流放状态**中的。或许这是一种有益的流放,但是我现在觉得这是一种流放。我被流放到了一群嘈杂的虫子之中,不得不和他们一起生活在令人厌恶的环境之中。在这样的环境中我应该过一种美好的生活,并净化我自己。但是,这是**非常非常**难的事情!我太软弱。我太软弱!恳求上帝帮助我。

16.7.29

昨天遭到了枪击。感到很气馁。我害怕死亡。我现在具有这样的希望:活下去!如果你曾经喜欢过人生,那么你便很难放弃它。这恰恰是"罪孽",是一种没有理性的人生,一种错误的人生观。我时常变成了**动物**。这时我便只想到吃、喝、睡。可怕!这样我也便像动物一样去忍受,没有任何内在拯救的可能性。于是,我便放弃了我的欲望和厌恶。这时我也就不会想着去过一种真正的生活。

16.7.30

滑稽：今天我为这样的事情生气了——我在我用餐的步兵连中没有如当初人们所答应的那样领到军官伙食。因此，我的举止幼稚之极，糟糕之极。但是，尽管如此，我还是不能控制我对所遭受的不公正待遇的愤怒情绪。我总是不得不一再地思考这件事，思考着如何能纠正我的情绪。人就是这样愚蠢。

16.8.6

坐火车走了3天，到了火炮阵地。健康状况不太好。被我的周围的人们的狭隘和卑鄙搞得精疲力竭。上帝，请赐我以抵抗心灵疾病的力量和内在的毅力。愿上帝使我保有好的心情。

16.8.11

生活在罪孽中。得过且过。这意味着不幸福。非常懊恼，没有任何快乐。生活在与我的整个环境的不谐和的状态中。

16.8.12

既然知道为了过幸福的生活你应该怎么样做，那么你为什么不去这样做？因为你是没有理性的。坏的人生是没有理性的人生。一切均取决于：不要生气。

16.8.13

还在徒劳地与我的糟糕的本性做斗争。愿上帝使我坚强起来！——

16.8.19

被卑鄙包围着！不久会成为干部,离职到后方。① 对此感到很高兴。被卑鄙包围着。上帝会来帮忙的。

16.9.12

心情沮丧。孤独,孤独！谢谢上帝:路斯②还活着。

---

① 1916 年 9 月 1 日维特根斯坦被提升为下士,并被派到军校学习。
② Adolf Loos(1870-1933),奥地利著名建筑师,提倡简约的建筑风格,反对过度装饰。

附图：维特根斯坦写作战时笔记时的主要活动范围

（图中地名译名：Berlin-柏林，Breslau-布雷斯劳，Czernowitz-斯泽诺维茨，Danzig-但泽，Deutsches Reich-德意志帝国，Dnjestr-登耶斯特阿，Gorlice-高莱斯，Kolomea-考罗米阿，Königsberg-柯尼斯堡，Krakau-克拉科夫，Krasnik-克拉斯尼克，Lemberg-莱姆堡，Olmütz-奥尔姆兹，Österreich-Ungarn-奥匈帝国，Polen-波兰，Przemysl-普尔采米斯尔，Russisches Reich-俄罗斯帝国，San-桑河，Sandomierz-桑德米尔茨，Sanok-桑诺克，Szczucin-斯茨克祖辛，Tarnobrzeg-塔诺布尔采克，Tarnow-塔诺夫，Warschau-华沙，Wien-维也纳，Weichsel-韦克泽尔[河]）

图书在版编目(CIP)数据

战时笔记:1914—1917/(奥)维特根斯坦(Wittgenstein,L.)著;韩林合译.—北京:商务印书馆,2013(2025.10重印)
ISBN 978-7-100-09475-7

Ⅰ.①战⋯ Ⅱ.①维⋯ ②韩⋯ Ⅲ.①维特根斯坦,L.(1889—1951)—日记 Ⅳ.①B561.59

中国版本图书馆 CIP 数据核字(2012)第 226191 号

权利保留,侵权必究。

战时笔记
(1914—1917)
〔奥〕维特根斯坦 著
韩林合 译

商 务 印 书 馆 出 版
(北京王府井大街36号 邮政编码100710)
商 务 印 书 馆 发 行
北京市艺辉印刷有限公司印刷
ISBN 978—7—100—09475—7

2013年6月第1版　　开本 850×1168　1/32
2025年10月北京第8次印刷　印张 7⅛
定价:38.00元